starkeSeiten 3
Berufsorientierung

von
Heike Hofmann
Meinolf Padberg
Helgard Woltereck

Ernst Klett Verlag
Stuttgart • Leipzig

Bildquellennachweis

U1 Klett-Archiv (Thomas Weccard), Stuttgart; **5.2** ddp images GmbH (Volker Hartmann), Hamburg; **15.1** Ernst Klett Verlag GmbH (Christina Braml), Stuttgart; **23.2a** iStockphoto (Bart Coenders), Calgary, Alberta; **23.2b** vario images GmbH & Co.KG (Stefan Kiefer), Bonn; **23.2c** Fotolia LLC (RF/Darren Green), New York; **27.2** iStockphoto (Willie B. Thomas), Calgary, Alberta; **32.1** iStockphoto (RF/Paul Piebinga), Calgary, Alberta; **32.2** Thinkstock (Edyta Pawlowska), München; **32.3** iStockphoto (Ana Abejon), Calgary, Alberta; **32.4** Das Fotoarchiv RF (RF), Essen; **37.1** Das Deutsche Jugendrotkreuz (JRK), Berlin; **41.1** Corbis (JP Laffont/Sygma), Düsseldorf; **41.2** Prisma Bildagentur AG (Occidor Ltd), Schlieren-Zürich; **43.1** shutterstock (Patrick Breig), New York, NY; **43.2** iStockphoto (Rich Legg), Calgary, Alberta; **43.3** Fotolia LLC (Doris Heinrichs), New York; **43.4** Corbis (Kai Chiang/Golden Pixels LLC), Düsseldorf; **46.1** Fotolia LLC (Auremar), New York; **48.1** Fotolia LLC (Alexander Maksimov), New York; **48.2** Avenue Images GmbH (Banana Stock), Hamburg; **48.3** Dreamstime LLC (Dulsita), Brentwood, TN; **49.1** Badischer Verlag GmbH & Co. KG (Zeitung), Freiburg; **51.2** Action Press GmbH, Hamburg; **52.1** Thinkstock (iStockphoto), München; **52.2** Fotolia LLC (Robert Kneschke), New York; **52.3** shutterstock (Kurhan), New York, NY; **52.4** shutterstock (WithGod), New York, NY; **52.5** shutterstock (Tan4ikk), New York, NY; **52.6** Avenue Images GmbH (StockDisc), Hamburg; **52.7** shutterstock (Michaeljung), New York, NY; **52.8** shutterstock (Goodluz), New York, NY; **52.9** Thinkstock (Photodisc), München; **63.1** Fotolia LLC (BildPix.de), New York; **65.1** shutterstock (Piotr Marcinski), New York, NY; **65.2** Fotolia LLC (Lasse Kristensen), New York; **65.3** Fotolia LLC (Jaimie Duplass), New York; **68.1** Deutscher Industrie- und Handelskammertag e.V., Berlin; **68.3** Bundesagentur für Arbeit, Nürnberg; **73.1** Imago (Gustavo Alabiso), Berlin; **73.2** Imago (Steffen Schellhorn), Berlin; **77.1** Fotolia LLC (Benjamin Thorn), New York; **82.1** Thinkstock (George Doyle), München; **85.1a; 85.1b; 85.1c; 85.1d; 85.2** Klett-Archiv (Christian Mader, Stuttgart), Stuttgart; **86.1** Klett-Archiv (Christian Mader, Stuttgart), Stuttgart; **86.2** Logo, Stuttgart; **89.1** Keystone (Orkan Olgun), Hamburg; **90.1** shutterstock (Alexander Raths), New York, NY; **93.1a; 93.1d** Klett-Archiv (Christian Mader, Stuttgart), Stuttgart; **93.1b** Thinkstock (iStockphoto), München; **93.1c** shutterstock (Maridav), New York, NY; **94.1; 94.2; 94.3; 94.4; 94.5; 94.6; 94.7; 94.8; 94.9** Klett-Archiv (Christian Mader, Stuttgart), Stuttgart; **95.1** shutterstock (Doreen Salcher), New York, NY; **96.1** shutterstock (Peter Close), New York, NY; **103.1** Fotolia LLC (Michael Wilkens), New York; **104.1** Fotolia LLC (Photallery), New York; **104.1** iStockphoto (RF/Ingvald kaldhussæter), Calgary, Alberta; **104.2** iStockphoto (Florea Marius Catalin), Calgary, Alberta; **104.3** Thinkstock (Hemera), München; **104.4** Thinkstock (iStockphoto), München; **104.5** Fotolia LLC (BoL), New York; **105.1** Picture-Alliance (dpa-infografik), Frankfurt; **107.1** Fotolia LLC (Windu), New York; **107.2** Porsche AG, Stuttgart; **107.3** shutterstock (Michael Klenetsky), New York, NY; **108.1** VISUM Foto GmbH (Panos Pictures), Hamburg; **108.2** Trigema, Burladingen; **108.3** laif (Allison Joyce 2010/Redux), Köln; **109.1** TransFair e.V. (Harald Gruber), Köln; **111.2** shutterstock (Diego Cervo), New York, NY; **112.1** Corbis (Glowimages), Düsseldorf; **113.1** iStockphoto (Huchen Lu), Calgary, Alberta; **117.2** iStockphoto (nullplus), Calgary, Alberta; **119.1** Fotolia LLC (Monkey Business), New York; **119.2** iStockphoto (Jesper Elgaard), Calgary, Alberta; **123.1** Getty Images RF (Digital Vision), München

1. Auflage 1 11 10 09 08 07 | 21 20 19 18 17

Alle Drucke dieser Auflage sind unverändert und können im Unterricht nebeneinander verwendet werden.
Die letzte Zahl bezeichnet das Jahr des Druckes.

Autorinnen und Autoren: Heike Hofmann, Niersbach; Meinolf Padberg, Arnsberg; Helgard Woltereck, Stuttgart
Beratung: Berit Heintz, DIHK – Deutscher Industrie- und Handelkammertag e.V.; Hendrik Voß, Zentralverband des Deutschen Handwerks (ZDH) e.V.

Redaktion: Christina Braml, Alexandra Reichle
Herstellung: Katja Buß

Gestaltung: Katrin Schlüsener, Stuttgart
Umschlaggestaltung: Katrin Schlüsener, Stuttgart mit einem Umschlagsfoto von Thomas Weccard, Ludwigsburg
Illustrationen: Grünberg Design, Nürnberg; Jörg Mair, München; Katja Rau, Fellbach; Vera Schmidt, Remshalden-Grunbach; Sabine Wiemers, Düsseldorf
Reproduktion: Meyle + Müller, Medienmanagement, Pforzheim
Druck: Druckhaus Götz GmbH, Ludwigsburg

Printed in Germany
ISBN 978-3-12-103620-2

9 783121 036202

Seiten mit diesem Zeichen sind deine Portfolioseiten!

Aufgaben
Auf vielen Seiten des Buchs findest du Symbole vor den Aufgaben.
Hier wird ihre Bedeutung erklärt:

- Partneraufgaben
- Gruppenaufgaben
- Aufgaben für die gesamte Klasse

Zusatzelemente
Auf den Seiten findest du außerdem verschiedene Kästen, die besonders wichtige Dinge hervorheben:

Kästen mit der Glühbirne geben dir wichtige Tipps, damit du die Aufgaben leichter lösen kannst.

Kästen mit dem Sternchen enthalten Vorgaben zum Lösen der Aufgaben.

In den roten Kästen findest du Lern- und Arbeitsmethoden.

Neben den ganz normalen Seiten mit Texten und Aufgaben gibt es noch Seiten mit einem grünen Balken oben. Diese Seiten kannst du heraustrennen und in deinem Berufswahl-Portfolio sammeln.

Online-Link
103620-0000

Online-Links führen dich zu Materialien und Informationen im Internet. Gib in die Eingabezeile deines Browsers die Adresse www.klett.de ein und schreibe die Nummer des Online-Links in das Suchfeld.

1 Überblick behalten

Ich werde ...

- *mich in meinem Kompetenzraster zurechtfinden*
- *mein Berufswahl-Portfolio aktualisieren*
- *meinen Berufs-Fahrplan erstellen*
- *meine Leistungen selbst einschätzen*

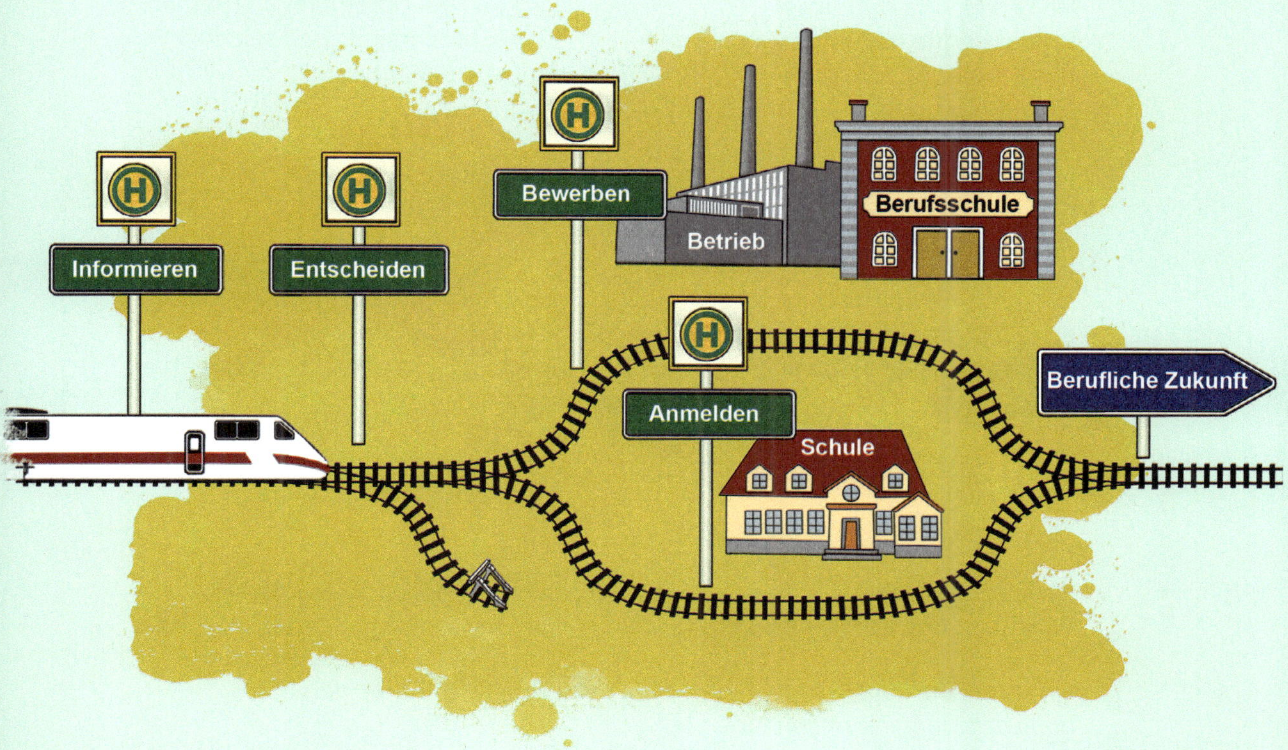

1 Beschreibe, was die Haltestellen bedeuten.

2 Überlege, welchen Weg dein „Berufswahl-Zug" wohl nehmen wird.

3 Was bedeutet das „Abstellgleis"?

„Nur mit einer guten Streckenplanung kommt mein Zug zum Ziel!"

Mein Kompetenzraster

			A		B	
1	Basiswissen	kommunizieren	Ich kann Texte lesen und verstehen.	○○ ○○ ○○ ○○ ○○ ○○ ○○	Ich kann gesprochenen und geschriebenen Texten Informationen entnehmen, diese ordnen und wiedergeben.	○○ ○○ ○○ ○○ ○○ ○○ ○○
2	Basiswissen	wirtschaften	Ich kenne wirtschaftliche Grundbegriffe und ihre Bedeutung.	○○ ○○ ○○ ○○ ○○ ○○ ○○	Ich kann ein Unternehmen (Betrieb, Firma) beschreiben und seinen Aufbau erklären.	○○ ○○ ○○ ○○ ○○ ○○ ○○
3	Verantwortung	für mich	Ich kann schriftliche Unterlagen erstellen, ordnen und sortieren, sie sorgfältig sammeln und aufbewahren.	○○ ○○ ○○ ○○ ○○ ○○ ○○	Ich kann einfache Aufgaben mit Routinecharakter in bestimmter Zeit erledigen und lasse mich dabei nicht ablenken.	○○ ○○ ○○ ○○ ○○ ○○ ○○
4	Verantwortung	für andere	Ich kann mich mit und ohne Worte verständlich ausdrücken. Ich kenne die Regeln für den höflichen Umgang miteinander und halte sie ein.	○○ ○○ ○○ ○○ ○○ ○○ ○○	Ich kann Botschaften anderer – ob mit Worten oder durch Körpersprache – verstehen und darauf richtig reagieren.	○○ ○○ ○○ ○○ ○○ ○○ ○○
5	Ausbildungsweg		Ich kann meine Stärken und Schwächen benennen. Ich kann Berufe benennen.	○○ ○○ ○○ ○○ ○○ ○○ ○○	Ich kann eigene Interessen und Fähigkeiten nennen und weiß, wie ich sie verbessern kann. Ich kann Arbeitsplätze beschreiben. Ich weiß, dass sich Berufe im Lauf der Zeit verändern.	○○ ○○ ○○ ○○ ○○ ○○ ○○
6	regionales Wissen		Ich kenne meinen Wohnort/ Schulort und kann ihn auf einer Landkarte finden.	○○ ○○ ○○ ○○ ○○ ○○ ○○	Ich kann Wege beschreiben und aufmalen.	○○ ○○ ○○ ○○ ○○ ○○ ○○

C	D	E
Ich kann mich in deutscher Sprache verständlich ausdrücken. Ich kann Informationen aus verschiedenen Quellen beschaffen.	Ich kann einfache Texte fehlerfrei schreiben und verständlich formulieren.	Ich kann formale zweckentsprechende Texte (Brief, Lebenslauf, Bewerbung, ...) fehlerfrei schreiben.
Ich kann gemeinsam mit meinen Mitschülerinnen und Mitschülern eine Schülerfirma führen und bei Geschäften auf wirtschaftliche Gesichtspunkte achten.	Ich kenne die verschiedenen Institutionen (IHK, HWK, Gewerkschaften, ...) und ihre Funktion.	Ich kenne die Rechte und Pflichten eines Azubis und meine Rolle im Unternehmen. Ich kann meine wirtschaftliche Zukunft einschätzen und planen.
Ich kann mich für eine selbst gewählte Aufgabe nach Kräften einsetzen und ein gutes Ergebnis erzielen. Dabei trage ich für das eigene Handeln die Verantwortung.	Bei der Erfüllung von Aufgaben, die ich von anderen aufgetragen bekomme, gehe ich gewissenhaft und eigenverantwortlich vor und versuche fehlerfrei zu bleiben.	Ich plane meinen Tag selbstständig so, dass ich alle Aufgaben erledigen kann. Dabei nehme ich verbindliche Vereinbarungen ernst und halte sie ein.
Ich kann mit Konflikten umgehen, d.h. ich erkenne Interessengegensätze und bin bereit, diese zuzulassen.	Ich kann mit Fehlern anderer konstruktiv und fair umgehen, eigenes Fehlverhalten wahrnehmen und korrigieren.	Ich kann mit Mitschülern einer Gruppe ziel- und aufgabenorientiert kooperieren und bin dabei höflich, respekt- und rücksichtsvoll.
Ich kann theoretische und praktische Informationen über Berufe sammeln. Ich kann meine Interessen und Fähigkeiten verschiedenen Berufen zuordnen. Ich habe einen Wunschberuf.	Ich kann meine Aussichten und Chancen für meinen Wunschberuf einschätzen. Ich kann Alternativen für meinen Wunschberuf suchen.	Ich kann eine passende Ausbildungsstelle suchen, Bewerbungsunterlagen zusammenstellen und mit Rückschlägen umgehen. Ich weiß, welche Rechte und Pflichten mit einem Ausbildungsvertrag verbunden sind.
Ich kann verschiedene Betriebe meines Wohnortes/Schulortes nennen, deren Adresse finden und den Weg dorthin beschreiben.	Ich kenne die wichtigsten Unternehmen über die Wohnorts- und Schulortsgrenzen hinaus und kann deren Adressen finden.	Ich kann die Adressen mir unbekannter Unternehmen herausfinden, einen Termin ausmachen und dort pünktlich erscheinen.

So funktioniert die Arbeit mit den „starkenSeiten“

Gebrauchsanweisung für deine „starkenSeiten“

Die „**starken**Seiten“ sollen dir helfen, dich auf deinen späteren Beruf vorzubereiten. Die Kapitel in diesem Heft heißen „Module“. Jedes Modul hilft dir, wichtige Kompetenzen zu erwerben. Am Anfang erfährst du immer, was du nach dem Modul können wirst. Mit deinen Mitschülern lernst du viel über Stärken, Verantwortung, Teamgeist, Berufe und die Arbeitswelt. Am Ende jedes Moduls schätzt du dich selbst ein. Dabei musst du ganz für dich allein über bestimmte Aussagen nachdenken.

Das „Kompetenzraster“ am Anfang dieses Kapitels soll dir einen Überblick über deine Kompetenzen geben. Es besteht aus Zeilen und Spalten und sagt dir, was du kannst und wie gut du es kannst. Am linken Rand der Tabelle findest du die Ziffern 1 bis 6. Sie stehen für das WAS – den Inhalt – das Wissen also, das für die Wahl eines Berufes sehr wichtig ist. WIE GUT du etwas kannst wird mit den Buchstaben A (einfach) bis E (sehr schwierig) beschrieben. Diese findest du oben in der Tabelle.

Methode: Selbsteinschätzungsbögen und Kompetenzraster bearbeiten

1. Immer wenn du ein Modul bearbeitet hast, beantwortest du die Fragen im Selbsteinschätzungsbogen. Alle Fragen haben etwas mit dem zu tun, was du bei der Arbeit mit dem Modul getan hast.

   Beispiel: Wenn du im Modul 2 erklären sollst, was die Begriffe „Brutto“ und „Netto“ bedeuten, lautet die passende Einschätzung zu dieser Aufgabe:

Selbsteinschätzung zu Modul 3: Stärken entdecken Schätze dich ehrlich ein. Kreuze an.	ja	nein	Male EINEN Kreis im Feld …
• Ich kann die Begriffe Brutto und Netto erklären.	○	○	2A

   Wenn dir die Aufgabe leicht gefallen ist, kreuzt du „ja“ an, wenn du Schwierigkeiten hattest, kreuze „nein“ an. Wichtig ist, dass du die Fragen ehrlich beantwortest.

2. Nun kannst du dir einen Punkt im Kompetenzraster geben: Die Spalte ganz rechts sagt dir, in welchem Feld du einen Punkt in deinem Kompetenzraster machen kannst. In diesem Fall ist es das Feld 2A: Ich kenne wirtschaftliche Begiffe und ihre Bedeutung.

	A	
2	Ich kenne wirtschaftliche Begriffe und ihre Bedeutung.	●● ○○ ○○ ○○ ○○

- Wenn du dein Kreuz bei „ja“ machen konntest, malst du einen Kreis grün aus.
- Wenn du dein Kreuz bei „nein“ gemacht hast, malst du einen Kreis gelb aus.
- Bei mehr als einer Einschätzung entscheidet das Feld mit den meisten Kreuzen.

Im Lauf der Zeit wirst du viele Punkte einfärben und sehen, bei welchem Schwierigkeitsgrad und bei welchem Inhalt du ganz sicher sagen kannst: „Ich kann´s.“
Mit dem Kompetenzraster kannst du allen zeigen, an welchen Kompetenzen du gearbeitet hast und worin du besonders gut bist.

Ordnung in meinem Berufswahl-Portfolio

Wie bei der Arbeit mit den Bänden 1 und 2 von „**starke**Seiten Berufsorientierung“ kannst du alle Portfolioseiten in eines der folgenden Kapitel deines Portfolio-Ordners einsortieren:

Kapitel aus „starkeSeiten Berufsorientierung“ Band 1:	
Über mich	In dieses Kapitel passen alle Seiten, die etwas mit dir persönlich zu tun haben.
Arbeitsplätze und Berufe	In dieses Kapitel passen alle Seiten, die sich mit der Arbeitswelt beschäftigen.
Selbsteinschätzungen	In dieses Kapitel passen die Selbsteinschätzungsbögen und das Kompetenzraster aus Modul 1.
Zertifikate	Wenn du ein Zertifikat für eine besondere Leistung bekommst, ordnest du es in dieses Kapitel.
Kapitel aus „starkeSeiten Berufsorientierung“ Band 2:	
Schülerfirma	Hierhin hast du alle Unterlagen zur Schülerfirma geheftet.
Praktikum	Alle Unterlagen zu deinen Praktika (z. B. Bewerbungen und Praktikumsberichte) passen in dieses Kapitel.
Neue Kapitel für „starkeSeiten Berufsorientierung“ Band 3:	
Bewerbung	In dieses Kapitel gehören alle Bewerbungsunterlagen für deine weitere Ausbildung.
Lebensplanung	In dieses Kapitel ordnest du alle Seiten, die sich mit dem Leben nach der Schule beschäftigen.

1 Erstelle die zwei neuen Kapitel „Bewerbung“ und „Lebensplanung“ in deinem Portfolio-Ordner. Trage die neuen Kapitel in dein Inhaltsverzeichnis ein und erstelle für jedes ein Zwischenblatt. Hefte bei der weiteren Arbeit die neuen Portfolioseiten dort ab.

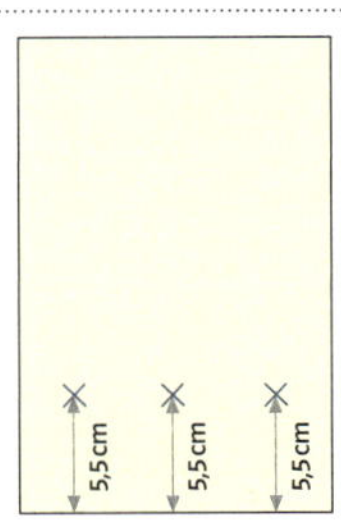

Punkte markieren

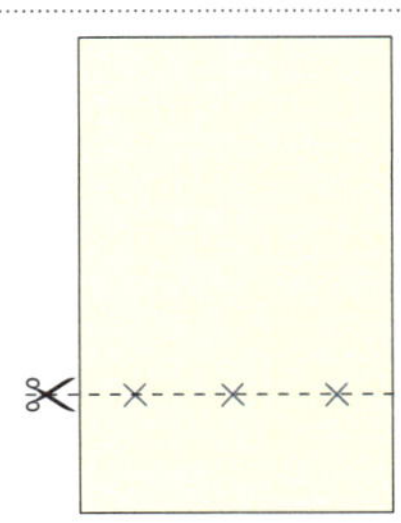
Punkte verbinden

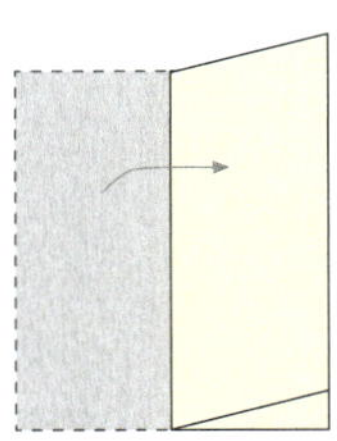
Blatt der Länge nach falten

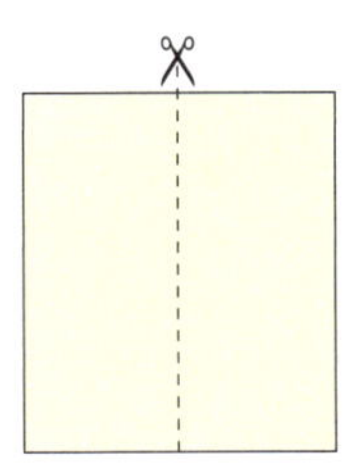
Blatt an der Faltlinie auseinander schneiden

Mitte markieren

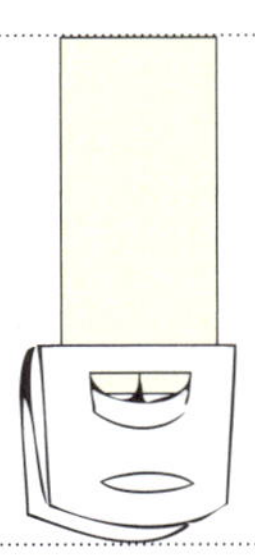
Trennblatt lochen

Trennblatt beschriften

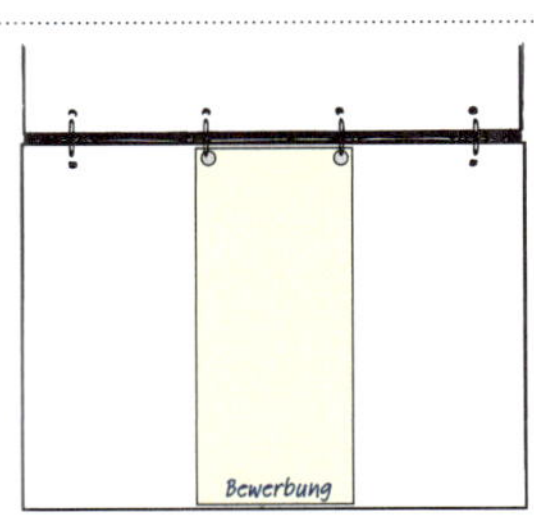

Trennblatt einheften

Mein Fahrplan zum Beruf

1 Überlege, welche Schritte für dein nächstes berufliches Ziel wichtig sind und erstelle einen „Berufs-Fahrplan“.

a) Es gibt einige Termine, die du dir nicht selbst aussuchen kannst. Prüfe, welche Termine für dich wichtig sind und recherchiere, wann sie stattfinden. Notiere sie in deinem „Berufs-Fahrplan“ auf der nächsten Seite in der Spalte „Termine“.

Bewerbungsstart
- bei Banken, Versicherungen und großen Unternehmen
- bei kleinen und mittelständischen Unternehmen
- bei schulischen Ausbildungsberufen

Anmeldung
- bei beruflichen Schulen
- bei allgemeinbildenden Schulen

b) Trage nun in der rechten Spalte die nächsten Schritte ein, die auf deinem Weg zum Beruf wichtig sind. Welche Schritte das sein können, siehst du an den Haltestellen. Du kannst aber auch andere Schritte eintragen, wenn du sie für wichtig hältst.

c) Überprüfe ab und zu, was in der nächsten Zeit ansteht und ob du alles erledigt hast.

Typische Schritte:
- Zur Berufsberatung gehen
- Eine Entscheidung über den Startberuf treffen
- Alternativen suchen
- Mit einem „Realitäts-Check“ (siehe Modul 3) überprüfen, ob sich dein Berufswunsch realisieren lässt
- Ein weiteres Praktikum im Startberuf machen
- Informationen über mögliche Ausbildungsbetriebe oder Schulen sammeln
- Zu einer Ausbildungsmesse gehen

Typische Schritte:
- Ausbildungsangebote suchen (Zeitungen, Internet, Bundesagentur für Arbeit, ...)
- Bewerbungsunterlagen erstellen (Anschreiben, Lebenslauf, Anlagen)
- Bewerbungsunterlagen verschicken oder persönlich abgeben
- Auf das Vorstellungsgespräch vorbereiten
- Auf Einstellungstests/Assessment-Center (siehe Modul 7) vorbereiten
- An einer weiterführenden Schule anmelden

Vorletztes Schuljahr			
	Termine	Schritte	✓
Erstes Halbjahr			
Zweites Halbjahr			
Sommerferien			
Letztes Schuljahr			
	Termine	Schritte	✓
Erstes Halbjahr			
Zweites Halbjahr			

Meine Selbsteinschätzungen

Selbsteinschätzung zu Modul 2: Unterlagen ordnen Schätze dich ehrlich ein. Kreuze an.	ja	nein	Male EINEN Kreis im Feld …
• Ich kann die Begriffe Brutto und Netto erklären.	●	●	2A
• Ich weiß, was Barzahlung, halbbare Zahlung und bargeldlose Zahlung sind.	●	●	2C
• Ich kenne die Bestandteile einer Lohnabrechnung. • Ich kenne gesetzliche Versicherungen und Individualversicherungen. • Ich weiß, welche Rechte und Pflichten ich bei Kaufverträgen habe.	● ● ●	● ● ●	2E
• Ich habe meinen Mitschülerinnen und Mitschülern am „Marktstand“ ein Feedback gegeben und selbst eines empfangen.	●	●	4D
Wenn du die Portfolioseite **„Mein Bankenvergleich“** gemeinsam mit einer Partnerin/einem Partner bearbeitet und in dein Berufswahlportfolio eingeheftet hast, gib dir jeweils einen grünen Punkt in den Feldern …			2E und 3D

Selbsteinschätzung zu Modul 3: Stärken entdecken Schätze dich ehrlich ein. Kreuze an.	ja	nein	Male EINEN Kreis im Feld …
• Ich kenne meine Stärken und Schwächen.	●	●	5A
• Ich kann meine Interessen und Fähigkeiten nennen.	●	●	5B
• Ich habe mich entschieden, in welchem Beruf ich später arbeiten möchte.	●	●	5C
• Ich kenne Alternativen zu meinem Wunschberuf.	●	●	5D
Wenn du die Portfolioseiten **„Meine Schritte zur Berufswahl“** und **„Ich will mich verbessern!“** bearbeitet und in dein Berufswahlportfolio eingeheftet hast, gib dir zusätzlich jeweils einen grünen Punkt in den Feldern …			1C und 3C

Selbsteinschätzung zu Modul 4: Konflikte bewältigen Schätze dich ehrlich ein. Kreuze an.	ja	nein	Male EINEN Kreis im Feld …
• Ich habe zum Schaubild einer Tarifverhandlung einen fehlerfreien, verständlichen Text geschrieben.	●	●	1D
• Ich kenne die Aufgaben eines Betriebsrats. • Ich weiß, was eine JAV macht. • Ich kenne die Aufgaben von Gewerkschaften und Arbeitgeberverbänden.	● ● ●	● ● ●	2D
• Ich kenne die Rechte und Pflichten von Auszubildenden.	●	●	2E
• Ich kann Konfliktsituationen nennen, die in der Ausbildung vorkommen, und Lösungsvorschläge machen.	●	●	4D
• Ich kann erklären, was in einem Ausbildungsvertrag steht.	●	●	5E

Selbsteinschätzung zu Modul 5: Im Team arbeiten Schätze dich ehrlich ein. Kreuze an.	ja	nein	Male EINEN Kreis im Feld …
• Ich kann den Aufbau eines Unternehmens anhand seines Organigramms beschreiben.	●	●	2B
• Ich kann einen betrieblichen Ablauf in einem Ablaufdiagramm darstellen.	●	●	1E
• Ich habe herausgefunden, mit welchen Menschen ich in meinem Wunschberuf und in einem Alternativberuf zusammen arbeiten werde.	●	●	5D
Wenn du die Portfolioseite **„Mein Team im Wunschberuf“** ordentlich ausgefüllt und abgeheftet hast, gib dir zusätzlich einen grünen Punkt im Feld …			3E

Selbsteinschätzung zu Modul 6: Verantwortung tragen Schätze dich ehrlich ein. Kreuze an.	ja	nein	Male EINEN Kreis im Feld …
• Ich kenne verschiedene Quellen, über die ich Adressen von Ausbildungsbetrieben erhalten kann.	●	●	1C
• Ich habe eine Zu- oder Absage auf eine Bewerbung geschrieben.	●	●	1E
• Ich kann mindestens drei Betriebe nennen, die in meinem Wunschberuf ausbilden.	●	●	5E
Wenn du die Portfolioseiten **„Meine möglichen Ausbildungsbetriebe“** und **„Meine Initiativbewerbungen“** ordentlich ausgefüllt und abgeheftet hast, gib dir zusätzlich einen grünen Punkt in den Feldern …			6C, 6D und 6E

Selbsteinschätzung zu Modul 7: Betriebe finden Schätze dich ehrlich ein. Kreuze an.	ja	nein	Male EINEN Kreis im Feld …
• Ich weiß, was ich beachten muss, wenn ich zu einem Vorstellungsgespräch eingeladen werde.	●	●	3E
• Ich habe den Einstellungstest einer Partnerin oder eines Partners kontrolliert und ihr/ihm eine Rückmeldung über die Stärken und Schwächen gegeben.	●	●	4D
• Ich kenne die Verhaltensregeln in einem Vorstellungsgespräch. • Ich habe gemeinsam mit anderen in einem Rollenspiel ein Vorstellungsgespräch durchgespielt. • Ich weiß, wie man sich bei einem Vorstellungsgespräch kleidet.	● ● ●	● ● ●	4E
Wenn du die Portfolioseite **„Mein Anschreiben“** und **„Mein Lebenslauf“** erstellt und eine Bewerbungsmappe zusammengestellt hast, gib dir zusätzlich jeweils einen grünen Punkt in den Feldern …			1E und 5E
Wenn du auf alle Fragen der Portfolioseite **„Meine Antworten im Vorstellungsgespräch“** sinnvoll geantwortet hast, gib dir einen zusätzlichen Punkt im Feld …			1C

Selbsteinschätzung zu Modul 8: Arbeitsplätze erkunden Schätze dich ehrlich ein. Kreuze an.	ja	nein	Male EINEN Kreis im Feld …
• Ich kann die Begriffe Export, Import und Globalisierung erklären.	●	●	2A
• Ich habe gemeinsam mit anderen Argumente für und gegen die Globalisierung erarbeitet.	●	●	4C
• Ich habe die Arbeitsbedingungen in unterschiedlichen Ländern miteinander verglichen.	●	●	5B
• Ich habe Produkte ihren Herkunftsländern in einer Weltkarte zugeordnet. • Ich kann den Produktionsweg einer Jeans nachvollziehen. • Ich habe eine Grafik über globale Handelsströme ausgewertet.	● ● ●	● ● ●	6B

Selbsteinschätzung zu Modul 9: Veränderungen erkennen Schätze dich ehrlich ein. Kreuze an.	ja	nein	Male EINEN Kreis im Feld …
• Ich kenne die Weiterbildungsmöglichkeiten der IHK und der Handwerkskammern.	●	●	2D
• Ich kann an mindestens einem Beispiel erklären, wie sich ein Berufsweg nach der Ausbildung weiterentwickeln kann.	●	●	5C
• Ich habe Weiterbildungsmöglichkeiten in meinem Wunschberuf recherchiert.	●	●	5D

Selbsteinschätzung zu Modul 10: Zukunft planen Schätze dich ehrlich ein. Kreuze an.	ja	nein	Male EINEN Kreis im Feld …
• Ich weiß, was in einem Mietvertrag festgelegt ist.	●	●	1E
• Ich weiß, wie sich die Mietkosten bei einer Wohnung zusammensetzen. • Ich kann den Schuldenkreislauf erklären. • Ich kann Kredite vergleichen.	● ● ●	● ● ●	2E
Wenn du die Portfolioseite **„Mein Haushaltsbuch"** vier Wochen lang bearbeitet und anschließend ausgewertet hast, gib dir zusätzlich einen grünen Punkt im Feld …			3E

2 Unterlagen ordnen

Ich werde …

- *Zahlungsarten unterscheiden*
- *gemeinsam mit anderen über Bankgeschäfte recherchieren*
- *Versicherungen vergleichen*
- *meine Rechte und Pflichten bei Kaufverträgen kennen*

1 Was könnte der Lebensordner für eine Funktion haben?

2 Überlege, welche Unterlagen in den einzelnen Kapiteln gesammelt werden könnten.

3 Welche weiteren Kapitel könnte ein Lebensordner haben?

„Die Waschmaschine ist kaputt. Wenn ich nur wüsste, wo ich den Kaufbeleg habe …"

Das Kapitel „Geld und Bank" im Lebensordner

Beim Einkaufen in der Stadt, im Katalog oder im Internet, bei Dienstleistern oder Handwerkern hast du mit Geldgeschäften zu tun. Dabei tauschst du dein Geld gegen eine Ware oder Dienstleistung.

1 Beim Bezahlen unterscheidet man Barzahlung, halbbare Zahlung und bargeldlose Zahlung. Welche Zahlungsart wird jeweils in den Bildern dargestellt? Ordne zu.

Das Geld wird von Thomas Konto auf das Konto des Empfängers überwiesen.	Thomas übergibt das Geld bar. Es wird später auf das Konto des Empfängers eingezahlt.	Thomas zahlt sein Frühstück beim Bäcker mit Münzen und Scheinen.
______________	______________	______________

b) Vervollständige die folgenden Sätze.

Bei der ______________ haben beide Geschäftspartner Bargeld in der Hand.

Bei der ______________ hat kein Geschäftspartner Bargeld in der Hand.

Bei der ______________ hat nur ein Geschäftspartner Bargeld in der Hand.

2 Ordnet die folgenden Beispiele richtig zu und begründet eure Zuordnung.

	bar	halbbar	bar-geldlos
Tanja bezahlt ihre neue Hose vom **50€-Schein** der Oma.			
Klaus hat beim Verkauf seines Computers einen **Barscheck** bekommen. Diesen löst er bei der Bank gegen Bargeld ein.			
Justin reicht dem Tankwart seine Girocard **(ec-Karte)**. Das Geld für das Benzin wird von seinem Konto eingezogen.			
Claudia hat der Telefongesellschaft schon vor einem Jahr eine Einzugsermächtigung (eine Erlaubnis, Geld abbuchen zu dürfen) erteilt. Das Unternehmen bucht den fälligen Geldbetrag per **Lastschriftverfahren** monatlich von ihrem Konto ab.			
Viktors Mutter verlangt seit dem Beginn seiner Ausbildung ein monatliches Haushaltsgeld von 80 €. Er hat einen **Dauerauftrag** über seine Bank in Auftrag gegeben. Das Geld wird automatisch, immer zur gleichen Zeit, von seinem Konto auf das Konto der Mutter überwiesen.			

Methode: Marktplatz

Wie auf einem Marktplatz werden zu verschiedenen Themen Informationen ausgestellt. Die Schülerinnen und Schüler haben für einen bestimmten Zeitraum die Möglichkeit, von Stand zu Stand zu schlendern und sich Informationen abzuholen.

1. Teilt die Klasse in 4er-Gruppen. Jede Gruppe bearbeitet die Aufgaben an einem „Marktstand" und erstellt eine Präsentation.
2. Besucht nun in mehreren Runden die anderen Marktstände. Beachtet dabei:
   - Jeder soll am eigenen Stand einmal die Ergebnisse präsentieren.
   - Jeder soll jeden anderen Stand einmal besuchen.
   - Kein Stand darf ohne Besucher sein.
   - Gebt den Präsentierenden eine Rückmeldung zu ihrer Präsentation.

Online-Link
103620-0017
Marktstände

3 Führt die Methode „Marktplatz" mit den Aufgaben auf den Abbildungen durch.

MARKTSTAND 1

Recherchiert zum Thema **„Bank"**:
1. Was ist ein Kontoauszug?
2. Was ist ein Girokonto?
3. Was ist der Unterschied zwischen einem Girokonto einem Sparbuch?

MARKTSTAND 2

Recherchiert zum Thema **„Homebanking"**:
1. Was sind TAN?
2. Was ist eine PIN?
3. Wie kommt bei einer Überweisung das Geld von einem auf ein anderes Konto? Erstellt ein Schaubild.

MARKTSTAND 3

Recherchiert zum Thema **„halbbare Zahlung"**:
1. Erklärt was „Bezahlung per Nachnahme" bedeutet.
2. Erklärt was ein Barscheck ist.
3. Findet für beide Varianten mindestens zwei Beispiele.

MARKTSTAND 4

Recherchiert zum Thema **„bargeldlose Zahlung"**:
1. Erklärt die Begriffe Lastschrift und Dauerauftrag.
2. Erklärt was ein Verrechnungsscheck ist.
3. Findet für alle Varianten mindestens zwei Beispiele.

4 Damit dir dein Betrieb deine Ausbildungsvergütung überweisen kann, benötigst du ein Girokonto. Bei welchen Banken in deiner Umgebung könntest du ein Girokonto einrichten? Notiere alle Banken, die dir einfallen.

____

____

> Achtung, wenn du noch nicht volljährig bist, muss ein Erziehungsberechtigter der Kontoeröffnung zustimmen!

5

a) Bei der Eröffnung eines Girokontos gibt es viel zu beachten. Einige Fachbegriffe solltest du kennen. Ordne die Begriffe den Beschreibungen zu.

b) Vergleicht eure Zuordnungen und korrigiert, wenn nötig.

Begriffe	Beschreibungen
Kontoführungsgebühren	Geld, das mindestens pro Monat auf das Konto eingezahlt werden muss.
Guthabenzinsen	Zinsen, die du bezahlst, wenn du dein Konto überziehst.
Homebanking	Geld, das du an die Bank für das Konto zahlen musst. Das kann eine monatliche Gebühr sein, aber auch Gebühren für einzelne Dienste wie z. B. Überweisungen oder Abhebungen am Geldautomaten.
Dispositionskredit (Dispo)/ Kontoüberziehungskredit	Dieses Geld leiht dir die Bank, wenn du mehr Geld von deinem Konto abhebst als du Guthaben hast (du kommst ins Minus).
Dispozinsen/ Überziehungszinsen	Du kannst dein Konto im Internet verwalten, also z. B. deinen Kontostand einsehen oder Überweisungen tätigen.
Monatlicher Mindesteingang	Zinsen, die du für das Guthaben auf deinem Konto gutgeschrieben bekommst.

6

a) Sucht euch zwei Girokonten aus, die ihr vergleichen möchtet. Füllt dazu die Portfolioseite aus (Vorder- und Rückseite). Sprecht euch in der Klasse ab, damit so viele Konten wie möglich verglichen werden können.

b) Stellt eure Ergebnisse aus und vergleicht die Angebote.

c) Stell dir vor, du bist schon in der Ausbildung und bekommst 600 Euro Ausbildungsvergütung im Monat. Welche Bank wäre die beste für dich? Begründe deine Entscheidung.

> Wenn du ein Girokonto hast, besorge dir regelmäßig Kontoauszüge und hefte sie in deinem Lebensordner ab.

Meine Wahl: ________________________________

Begründung: ________________________________

____

____

Mein Kontenvergleich

Die folgenden Girokonten möchten wir vergleichen:

	Girokonto 1	Girokonto 2
Name des Girokontos:		
Name der Bank:		
Datum der Recherche:		

	Girokonto 1	Girokonto 2
Wie hoch ist die monatliche Kontoführungsgebühr?		
Ist Online-Banking möglich?		
Welche zusätzlichen Gebühren werden erhoben (z. B. für Überweisungen, Abhebungen am Automaten, die EC-Karte usw.)?		
Wie hoch sind die Guthabenzinsen pro Monat?		
Wie hoch sind die Dispozinsen pro Monat?		
Eigene Frage:		
Eigene Frage:		

Welche Bank empfiehlst du für jemanden ...

... der unbedingt Online-Banking machen will?

____

Begründung: __________________________________

____

... der immer Guthaben auf seinem Konto hat?

____

Begründung: __________________________________

____

... der oft Überweisungen tätigt?

____

Begründung: __________________________________

____

... der oft sein Konto überzieht?

____

Begründung: __________________________________

____

Das Kapitel „Versicherungen" im Lebensordner

Das soziale Netz
Jede Arbeitnehmerin und jeder Arbeitnehmer bezahlt vom Lohn Beiträge für die Krankenversicherung (KV), die Rentenversicherung (RV), die Arbeitslosenversicherung (AV) und die Pflegeversicherung (PV). Auch der Arbeitgeber zahlt Beiträge für diese Versicherungen und zusätzlich eine Unfallversicherung (UV). Diese fünf Versicherungen nennt man auch das „soziale Netz". Es unterstützt dich im Notfall. So zahlt die Krankenversicherung deine Arzt- und Krankenhausbesuche, Arzneimittel oder Vorsorgeuntersuchungen. Die Rentenversicherung zahlt ab einem bestimmten Lebensalter eine Rente oder wenn ein Ehegatte stirbt eine Hinterbliebenenrente. Die Arbeitslosenversicherung zahlt bei Arbeitslosigkeit, für Maßnahmen der Umschulung und Fortbildung. Die Pflegeversicherung hilft wenn du häusliche oder stationäre Pflege brauchst. Sie finanziert einen Teil der Sachleistungen (z.B. für einen Rollstuhl) sowie das Pflegepersonal. Für Heilbehandlungen nach einem Arbeitsunfall, Maßnahmen der Unfallverhütung oder Verletztengeld gibt es die Unfallversicherung.

1 Strukturiere die Informationen des Textes in einem Schaubild (z.B. Tabelle, Mind-Map).

2 Frau Schneider verdient 2000 Euro im Monat.

a) Berechne die Beiträge für ihre Versicherungen.

	Frau Schneider zahlt von ihrem Lohn für …	Ihr Arbeitgeber zahlt zusätzlich zu den 2000 Euro für …
die KV:		
die RV:		
die AV:		
die PV:		
die UV:		
Summe		

Beitragssätze 2011

	Arbeitnehmer	Arbeitgeber
KV:	8,2 %	7,3 %
PV:	1,225 %	0,975 %
RV:	9,95 %	9,95 %
AV:	1,5 %	1,5 %
UV:		1,6 %

jeweils in % vom Einkommen

b) Wie viel „kostet" Frau Schneider ihren Arbeitgeber insgesamt monatlich?

Neben den gesetzlichen Versicherungen gibt es eine ganze Reihe von Individualversicherungen. Sie sichern dich gegen verschiedene Notfälle ab. Du kannst selbst entscheiden, ob du eine oder mehrere dieser Versicherungen abschließen möchtest.

Wenn du eine Versicherung abschließt, bewahre die Unterlagen sorgfältig in deinem Lebensordner auf!

Die **Haftpflichtversicherung**	zahlt deinen Hinterbliebenen nach deinem Tod eine festgelegte Summe oder du kannst dir das Geld zu einem vereinbarten Zeitpunkt auszahlen lassen.
Die **Hausratversicherung**	ist eine Möglichkeit, im Alter neben der gesetzlichen Rente eine weitere monatliche Zahlung zu erhalten.
Die **Lebensversicherung**	zahlt, wenn du unbeabsichtigt Schäden am Eigentum anderer verursachst.
Die **Berufsunfähigkeitsversicherung**	zahlt, wenn dein Eigentum beschädigt (z. B. durch Vandalismus, Brand, Blitzschlag) oder gestohlen wird.
Die **private Rentenversicherung**	unterstützt dich, wenn du durch einen Freizeitunfall oder eine schwere Krankheit nicht mehr in deinem Beruf arbeiten kannst.

3

a) Ordnet die Kurzbeschreibungen den Versicherungen zu.

Online-Link 103620-0022 Individualversicherungen

b) Informiert euch über den Online-Link genauer zu den hier genannten Individualversicherungen. Welche davon würdet ihr euren Mitschülerinnen und Mitschülern empfehlen, von welchen würdet ihr im Moment noch abraten? Begründet.

4 Welche gesetzliche Versicherung oder Individualversicherung wird in den dargestellten Fällen beansprucht?

Torsten ist von Beruf Dachdecker. Nach einem schweren Unfall hat er ein steifes Bein und kann nicht mehr arbeiten. Er ist arbeitsunfähig.

____

Der Maurer Klaus Petri kann die Operation an seinem Knie nicht mehr verschieben. Er wird einige Zeit im Krankenhaus und anschließend in der Rehabilitation verbringen.

____

Utes Firma hat nach 15 Jahren Konkurs angemeldet. Sie wurde entlassen. Bis Ute einen neuen Job gefunden hat, verlassen sie und ihre Tochter sich auf das soziale Netz.

____

Nach einem Hausbrand ruft Frau Schmitz mit Tränen in den Augen bei Ihrer Versicherung an.

____

Für Georg Schulze endet nach 43 Arbeitsjahren die Berufstätigkeit. Er geht in den wohlverdienten Ruhestand.

____

Kevin hilft seinem Kumpel beim Umzug. Ihm rutscht eine Glasvitrine aus der Hand, als er über einen Stein stolpert.

____

Das Kapitel „Arbeit“ im Lebensordner

In verschiedenen Berufen verdient man unterschiedlich viel Geld. Die Höhe deines Verdienstes ist abhängig von der **Lohngruppe**, in die du eingestuft wirst, und der **Lohnform**. Ausschlaggebend für die Lohngruppe ist zum Beispiel dein Schulabschluss, deine Ausbildung, deine Berufserfahrung, dein Tätigkeitsbereich oder die Dauer deiner Betriebszugehörigkeit. Bei den Lohnformen unterscheidet man Zeitlohn, Akkordlohn und Prämienlohn.

Lohngruppe 1: Arbeiten einfachster Art, die ohne vorherige Arbeitskenntnisse und ohne jegliche Ausbildung nach kurzer einmaliger Anweisung sofort ausgeführt werden können.

Lohngruppe 5: Arbeiten, die eine Anlernzeit von 2 Monaten erfordern.

Lohngruppe 10: Arbeiten, die außer Berufskenntnissen und einer mehrjährigen Berufserfahrung ein hohes fachliches Können voraussetzen.

1 Lohngruppen der IG Metall

Zeitlohn	**Akkordlohn**	**Prämienlohn**

Ich arbeite für die Firma „Grüber-Bau“ als Vorarbeiter. Ich habe einen Stundenlohn von 19,50 €. Überstunden werden extra bezahlt.	Ich werde nach meiner erbrachten Arbeitsmenge bezahlt. Je mehr Teile ich fertige, desto mehr Geld verdiene ich.	Ich erhalte jeden Monat ein Grundgehalt und pro abgeschlossenem Vertrag eine zusätzliche Prämie.

1

a) Beschreibe die Unterschiede zwischen den drei Lohnformen mit eigenen Worten.

b) Welche Vor- und Nachteile haben die jeweiligen Lohnformen?

Lohnart	Vorteile	Nachteile

c) Vergleicht eure Ergebnisse und ergänzt eure Aufzeichnungen, wenn nötig.

Marc Klinker hat seine Lohnabrechnung bekommen. Er arbeitet als Metallbauer. Der Bruttolohn ist in seinem Fall ein Zeitlohn. Vom Bruttolohn werden Steuern und Versicherungen abgezogen. Herr Klinker zahlt 250,74 € Rentenversicherung, 8,2 % des Bruttolohns für die Krankenversicherung, die Arbeitslosenversicherung beträgt 37,80 €. Schließlich zahlt er noch 2,2 % Pflegeversicherung.

Lohnabrechnung August Mark Klinker — Pers.Nr. 562/85 Steinstr. 13 — Abt. 5c 56412 Stahlhofen		ledig Steuerklasse: 1 Kinder: 0
		Konfession: ev.
Stundenlohn in Euro		15,00
Monatslohn	**168 Stunden**	
Bruttolohn		**2 520,00**
Abzüge	Lohnsteuer	347,08
	Kirchensteuer	31,24
	Solidaritätszuschlag	19,09
Summe Abzüge Steuern		
	Krankenversicherung	
	Rentenversicherung	
	Arbeitslosenversicherung	
	Pflegeversicherung	
Summe Abzüge Versicherungen		
Gesamtabzüge		
Nettolohn		

Steuerklasse 1 bedeutet ledig und ohne Kinder

Raum für Berechnungen:

1

a) Berechne die fälligen Abzüge und trage sie in die blauen Felder der Lohnabrechnung ein.

b) Wie hoch ist der Nettolohn, den Herr Klinker ausgezahlt bekommt? Trage die Summe im grünen Feld ein.

2 Erkläre die Begriffe Brutto und Netto am Beispiel der Lohnabrechnung.

Brutto: ______________________________

____

Netto: ______________________________

____

Hebe alle Lohnabrechnungen, die du später bekommst, in deinem Lebensordner auf! Sie helfen bei Kreditanträgen, bei Steuererklärungen oder beim Nachweis für den Renteneintritt.

Das Kapitel „Kaufbelege“ im Lebensordner

Jeder Kauf ist ein Vertrag
Jedes Mal, wenn du etwas kaufst, kommt ein Kaufvertrag zustande. Ein Kaufvertrag entsteht auf unterschiedlichen Wegen:

- bei **schriftlichen Kaufverträgen** werden die Kaufbedingungen ausgehandelt und niedergeschrieben.
- bei **mündlichen Kaufverträgen** werden die Bedingungen besprochen.
- bei **stillschweigenden Kaufverträgen** sind die Bedingungen im Vorhinein festgelegt und werden nicht extra ausgehandelt (Beispiel: Einkauf im Supermarkt).

In allen Fällen kommt der Kaufvertrag nur zustande, wenn sich Käufer und Verkäufer über die Bedingungen des Kaufs (Preis, Ausstattung usw.) einig sind. Damit ergeben sich für beide Seiten Rechte und Pflichten.

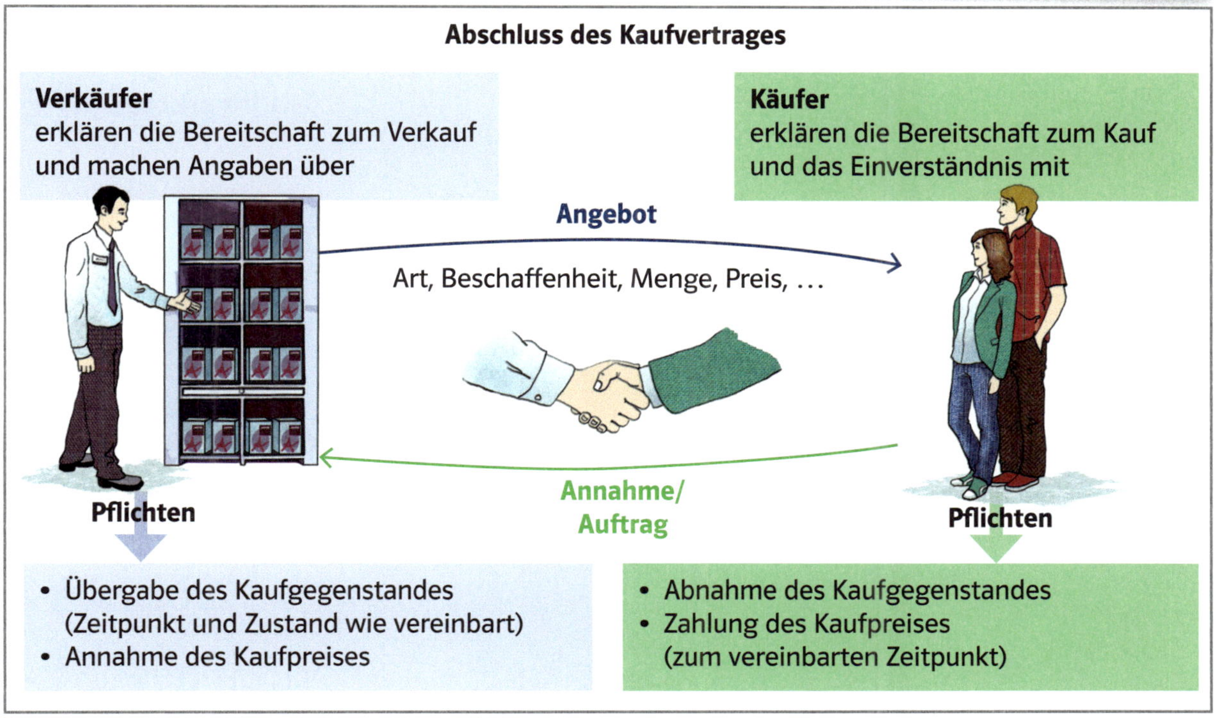

1 Ordne den Beispielen die Vertragsarten „mündlich“, „schriftlich“ oder „stillschweigend“ zu.

Heike kauft ihren Wochenvorrat an Lebensmitteln im Supermarkt ein.	
Frau Schröder bucht im Reisebüro eine Kreuzfahrt durch die Karibik.	
Auf dem Flohmarkt einigen sich Mareike und Max über den Preis eines Tennisschlägers.	
Susanne unterschreibt den Vertrag für ihr schickes neues Auto beim Autohändler.	
Frank schließt einen Ratenkaufvertrag für einen neuen Computer ab.	
Cora kauft eine Kinokarte für die acht-Uhr-Vorstellung an der Kinokasse.	

Rechte von Käufern und Verkäufern
Wurde eine Ware oder eine Dienstleistung nicht so geliefert, wie es vereinbart war, spricht man von einem Mangel. In diesem Fall hast du als Käuferin oder Käufer zunächst Anspruch auf Gewährleistung. Das heißt, du kannst eine Reparatur oder einen Umtausch verlangen. Der Verkäufer muss die Kosten dafür tragen. Wenn die Reparatur zweimal nicht gelingt oder die Ersatzlieferung nicht klappt, kannst du den Kaufpreis mindern (herabsetzen) oder vom Vertrag zurücktreten. Das funktioniert aber nur, wenn du den Kaufbeleg vorlegen kannst. Die Ware bleibt bis zur vollständigen Zahlung Eigentum des Verkäufers. Zahlt der Käufer die erbrachte Leistung oder Ware nicht innerhalb der vereinbarten Frist oder nimmt er die gelieferte Waren nicht ab, hat der Verkäufer verschiedene Möglichkeiten: Er kann eine Mahnung schicken und Schadenersatz (Verzugszinsen) verlangen. Wenn dann immer noch nicht gezahlt wird, kann er vor Gericht klagen oder vom Vertrag zurücktreten und die Ware zurückverlangen.

Mangel	Beispiel
fehlerhafte Ware	Der Pullover hat ein Loch
schlechte Qualität	die Nähte sind schlecht verarbeitet
falsche Ware	schwarzer MP3-Player statt blauer
zu wenig	2 Stück statt 5 Stück
nicht eingehaltene Werbeaussage	Der Akku hält nur 5 statt 10 Stunden
Rechtsmangel	das verkaufte Auto war gestohlen
Montagemangel	der Schrank ist falsch aufgebaut

2 Unterstreiche die Rechte der Käufer grün, die der Verkäufer blau. Vervollständige die beiden Schaubilder.

Rechte der Käuferin/des Käufers	Rechte der Verkäuferin/des Verkäufers
Mangel	Zahlungsverzug
↓ erst	↓ erst
↓ dann	↓ dann
↓ oder	↓ oder

3 Entscheide, welche Möglichkeiten du hast bzw. was dich erwartet.

Du hast dich in einem Elektrofachmarkt für eine tolle und teure Soundanlage entschieden. Nach nur drei Monaten ist sie kaputt.

____

____

Du hast die Rechnung vom Versandhaus nach sieben Wochen immer noch nicht bezahlt.

____

____

Online-Link
103620-0026
Lebensordner

4 Um in deinen Unterlagen Ordnung zu halten, lege einen Lebensordner an.

5 Bearbeite die Selbsteinschätzung auf Seite 12.

3 Stärken entdecken

Ich werde …

- *meine Berufsorientierungs-Aktivitäten übersichtlich darstellen*
- *eine Entscheidung über meinen zukünftigen Beruf treffen und überprüfen*
- *Belege für meine Stärken sammeln*
- *noch fehlende Stärken erkennen und entwickeln*

1 Beschreibe die Entwicklung von Hannas Interessen.

2 Wie könnte ihr Weg nach der Schule weitergehen?

„Für uns ist es wichtig, dass unsere Azubis über ihre Stärken und Fähigkeiten Bescheid wissen. Dann können wir sie in Bereichen einsetzen, in denen sie stark sind und dort fördern, wo es noch nicht so läuft.“

Meine Schritte auf dem Weg zum passenden Beruf

Hanna ist auf ihrem Weg zu einem passenden Beruf bereits wichtige Schritte gegangen, in der Schule und auch außerhalb.

1 Beschreibe, was Hanna bei den hier dargestellten Schritten über ihren zukünftigen Berufsweg herausgefunden haben könnte.

2 Welche Berufe könnten für Hanna passen? Gib ihr drei Empfehlungen.

3 Hanna hat auf ihrem Weg zum passenden Beruf Betriebe erkundet, sich im Internet informiert, einen Stärkentest durchgeführt, Gespräche mit der Berufsberaterin und ihrem Klassenlehrer geführt und ein Praktikum gemacht. Notiere auf der Portfolioseite die Schritte, die du in Richtung Beruf unternommen hast. Beschreibe stichpunktartig, wie sie dir bei der Orientierung in der Berufswelt geholfen haben.

Schau in deinem Berufswahl-Portfolio nach. Dort hast du bereits viele Unterlagen gesammelt.

Meine Schritte zur Berufswahl

Arbeitsplatzerkundung/Betriebserkundung
Hast du Arbeitsplätze und/oder Betriebe erkundet und die Ergebnisse festgehalten?

Habe ich gemacht: ○ ja ○ nein Anzahl der Erkundungen: ____________

Betrieb(e) und Datum: ______________________________

____

Das habe ich dabei herausgefunden: ______________________________

____

____

Expertenbefragungen/Berufsberatung
Hast du Personen (Eltern, Bekannte, Berufsberater, Experten aus Unternehmen, den Kammern oder anderen Institutionen ...) zu beruflichen Themen befragt?

Habe ich gemacht: ○ ja ○ nein Anzahl der Befragungen: ____________

Name(n), Themen und Datum: ______________________________

____

____

Das habe ich dabei herausgefunden: ______________________________

____

____

Berufs(feld)analyse
Hast du Berufe und/oder Berufsfelder unter die Lupe genommen und herausgefunden, welche Tätigkeiten, Arbeitsorte und Arbeitsbedingungen typisch sind?

Habe ich gemacht: ○ ja ○ nein

Diese Berufe/Berufsfelder habe ich analysiert:

____

____

Das habe ich dabei herausgefunden: ______________________________

____

____

Praktika

Hast du Praktika vorbereitet, durchgeführt und ausgewertet?

Habe ich gemacht: ○ ja ○ nein Anzahl der Praktika: ____________

Betrieb(e), Beruf(e) und Zeiträume: ____________

____

____

Das habe ich dabei herausgefunden: ____________

____

____

____

Online-Link
103620-0030
Test im
Internet

Stärkenanalyse/Kompetenztest

Hast du mit Hilfe von Tests (z. B. Fähigkeiten-Fragebögen, Berufe-Universum …) deine Stärken und Schwächen herausgefunden?

Habe ich gemacht: ○ ja ○ nein Anzahl der Tests: ____________

Name(n) des/der Tests: ____________

____

Das habe ich dabei herausgefunden:

____

____

____

Hier kannst du einen weiteren Schritt für dich eintragen:

(z. B. Schülerfirma, Ehrenämter, Vereinsarbeit …)

Schritt: ____________

Beschreibung: ____________

____

____

Das habe ich dabei herausgefunden:

____

____

____

Berufe auswählen

Auf deinem Weg zur Berufswahl bist du unterschiedlichen Berufsfeldern und Berufen begegnet.

1

a) Überprüfe deine Berufswahl: Kreuze die Berufsfelder an, die dich besonders interessieren.

○	Bau, Architektur, Vermessung		○	Metall, Maschinenbau	
○	Elektro	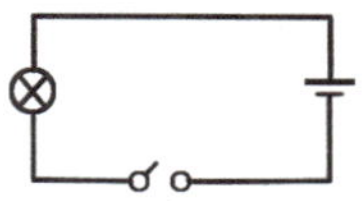	○	Naturwissenschaften	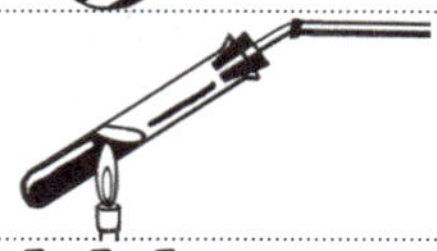
○	Dienstleistung		○	Produktion, Fertigung	
○	Gesundheit	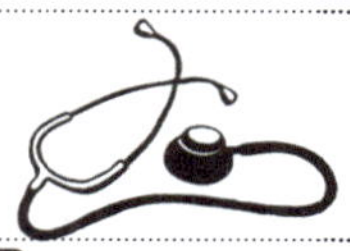	○	Soziales, Pädagogik	
○	IT, Computer		○	Technik, Technologiefelder	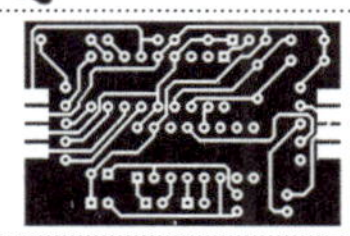
○	Kunst, Kultur, Gestaltung	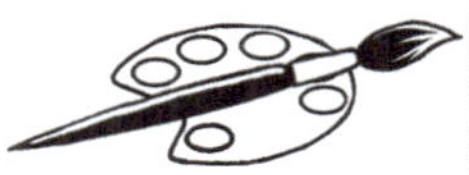	○	Verkehr, Logistik	
○	Landwirtschaft, Natur, Umwelt		○	Wirtschaft, Verwaltung	
○	Medien				

b) Informiere dich über die Berufe in deinen Berufsfeldern. Bilde dir ein Urteil, welche Berufe dich wirklich interessieren. Denke dabei auch an bereits durchgeführte Praktika. Notiere deine „Top-3-Berufswünsche"

Informationen über die Berufe in „deinem" Berufsfeld findest du im Internet, z. B. bei Planet-Beruf oder Berufenet, im BiZ oder in der Broschüre „Berufe aktuell". Der Online-Link hilft dir, die richtigen Adressen zu finden.

Online-Link
103620-0031
Berufsfelder

Diese Berufe interessieren mich:	Berufsfeld:
1.	
2.	
3.	

Manchmal ist es nicht so einfach ...

Mario, 16 Jahre:
„Eigentlich wollte ich Bankkaufmann werden, aber dafür reicht mein Schulabschluss leider nicht aus."

Pia, 17 Jahre:
„Der Beruf „Pferdewirtin" liegt mir. Aber leider gibt es keine Ausbildungsplätze in meiner näheren Umgebung."

Sergej, 16 Jahre:
„Mein Praktikum als Restaurantfachmann war super. Leider stellen fast alle Betriebe Auszubildende erst mit 18 Jahren ein wegen der späten Arbeitszeiten."

Sarah, 16 Jahre:
„Der Beruf der Malerin und Lackiererin ist mein Wunschberuf. Leider habe ich während des Praktikums eine Farbenallergie festgestellt."

1 Lies die Fallbeispiele. Notiere, welche Probleme die Schülerinnen und Schüler haben.

Mario: ______________________ Pia: ______________________

Sergej: ______________________ Sarah: ______________________

2 Welche Möglichkeiten haben die vier? Ordne den Tipps die passenden Namen zu.

______________	könnte einen Beruf mit ähnlichen Tätigkeiten wählen, bei dem mit anderen Materialien gearbeitet wird.
______________	könnte die Zeit mit einem Freiwilligen Ökologischen Jahr, einem Freiwilligen Sozialen Jahr oder einem weiteren Schulbesuch überbrücken.
______________	könnte einen Beruf wählen, der einen anderen Schulabschluss voraussetzt.
______________	könnte zuhause ausziehen und an einem anderen Ort die Berufsausbildung beginnen.
______________	könnte an einer anderen Schule den höheren Schulabschluss nachholen.
______________	könnte einen Beruf mit ähnlichen Tätigkeiten suchen, den es in der Nähe gibt.

Online-Link
103620-0032
Realitäts-Check

3 Überprüfe, ob es bei dir Hindernisse gibt, die gegen deinen Wunschberuf sprechen. Führe mit Hilfe der nächsten Portfolioseite einen Realitäts-Check für zwei deiner „Top-3-Berufswünsche" durch und finde heraus, ob du alle Voraussetzungen erfüllst. Der Online-Link hilft dir, die Informationen zu finden, die du für den Realitäts-Check benötigst.

Realitäts-Check für meinen Wunschberuf Nr. 1

Mein Wunschberuf ist Nr. 1 ________________________________

1 Die folgenden **Tätigkeiten** sind für den Beruf typisch:

____

____

Interessieren mich alle diese Tätigkeiten? ○ nein ○ ja

2 Die folgenden **Arbeitsorte** sind für diesen Beruf typisch:

____

Kann ich mir vorstellen, an diesen Orten zu arbeiten? ○ nein ○ ja

3 Bringe ich die erforderlichen **Fähigkeiten** für den Beruf mit?

Erforderliche Fähigkeiten:	nein	ja	Erforderliche Fähigkeiten:	nein	ja
	○	○		○	○
	○	○		○	○
	○	○		○	○

4 Bin ich in den wichtigen **Schulfächern** besonders gut?

Schulfach:	nein	ja		nein	ja
1.	○	○	3.	○	○
2.	○	○	4.	○	○

5 Reicht mein **Schulabschluss** für diesen Beruf?

Gewünschter Abschluss: ______________________ Erreiche ich? ○ nein ○ ja

6 Habe ich bereits **praktische Erfahrungen** in diesem oder einem ähnlichen Beruf gesammelt (z. B. Praktikum, Nebenjob, Aushilfstätigkeiten)? ○ nein ○ ja

Art (z. B. Praktikum …)	Betrieb	Zeitraum	Beruf

7 Gibt es eine **Ausbildungsvergütung** oder kostet die Ausbildung Geld?

____

Komme ich damit zurecht? ○ nein ○ ja

8 Gibt es keine **Alterseinschränkungen** für den Berufsausbildungsbeginn, die mich betreffen? (z. B. Mindestalter 18 Jahre?) ○ nein ○ ja

9 Erfülle ich die **körperlichen/gesundheitlichen Voraussetzungen** für den Wunschberuf? (Denke daran: Allergien, geringe körperliche Belastungsfähigkeit oder dauerhafte Erkrankungen können Hinderungsgründe für bestimmte Berufe sein!) ○ nein ○ ja

10 Gibt es **Ausbildungsbetriebe in meiner Umgebung?** ○ nein ○ ja
wenn nein: Bin ich auch bereit, in einen anderen Ort zu ziehen, um die Ausbildung zu absolvieren? ○ nein ○ ja

Auswertung:

Deine Entscheidung: Hast du …	**Die Schlussfolgerung**
… überall „ja“ angekreuzt?	→ Der Beruf passt perfekt zu dir!
… bei den Fragen 1 und 2 „nein“ angekreuzt?	→ Überlege, ob du dich anpassen kannst. Wenn dies nicht der Fall ist, solltest du einen anderen Beruf wählen.
… bei den Fragen 3 und 4 „nein“ angekreuzt?	→ Überlege, wie du dich bei diesen Fähigkeiten und Schulfächern verbessern kannst oder wähle einen Beruf mit anderen Anforderungen.
… bei Frage 5 „nein“ angekreuzt?	→ Überlege, wie und wo du den benötigten Abschluss erreichen kannst oder wähle einen Beruf, der einen anderen Abschluss voraussetzt.
… bei Frage 6 „nein“ angekreuzt?	→ Versuche, noch ein Praktikum in dem Beruf zu machen.
… bei Frage 7 „nein“ angekreuzt?	→ Informiere dich über finanzielle Unterstützung (z. B. Schüler-BaföG, Wohngeld, andere Ausbildungshilfen) oder wähle einen anderen Beruf.
… bei Frage 8 „nein“ angekreuzt?	→ Überlege, wie du die Zeit sinnvoll überbrücken kannst oder wähle einen anderen Beruf.
… bei Frage 9 „nein“ angekreuzt.	→ Dieser Beruf kommt für dich nicht in Frage. Wähle eine Alternative.
… bei Frage 10 zweimal „nein“ angekreuzt?	→ Dieser Beruf kommt für dich nicht in Frage. Wähle eine Alternative. Bist du jedoch bereit umzuziehen, suche nach einer Region, in der es Ausbildungsplätze gibt.

Gesamtergebnis:	Der Beruf passt perfekt zu mir!	○
	Der Beruf passt, aber ich muss mich in einigen Bereichen noch verbessern.	○
	Ich brauche einen Alternativberuf.	○

Realitäts-Check für meinen Wunschberuf Nr. 2

Mein Wunschberuf ist Nr. 2 ________________________________

1 Die folgenden **Tätigkeiten** sind für den Beruf typisch:

____

____

Interessieren mich alle diese Tätigkeiten? ○ nein ○ ja

2 Die folgenden **Arbeitsorte** sind für diesen Beruf typisch:

____

Kann ich mir vorstellen, an diesen Orten zu arbeiten? ○ nein ○ ja

3 Bringe ich die erforderlichen **Fähigkeiten** für den Beruf mit?

Erforderliche Fähigkeiten:	nein	ja	Erforderliche Fähigkeiten:	nein	ja
	○	○		○	○
	○	○		○	○
	○	○		○	○

4 Bin ich in den wichtigen **Schulfächern** besonders gut?

Schulfach:	nein	ja		nein	ja
1.	○	○	3.	○	○
2.	○	○	4.	○	○

5 Reicht mein **Schulabschluss** für diesen Beruf?

Gewünschter Abschluss: ____________________ Erreiche ich? ○ nein ○ ja

6 Habe ich bereits **praktische Erfahrungen** in diesem oder einem ähnlichen Beruf gesammelt (z. B. Praktikum, Nebenjob, Aushilfstätigkeiten)? ○ nein ○ ja

Art (z. B. Praktikum ...)	Betrieb	Zeitraum	Beruf

7 Gibt es eine **Ausbildungsvergütung** oder kostet die Ausbildung Geld?

___

Komme ich damit zurecht? ○ nein ○ ja

8 Gibt es keine **Alterseinschränkungen** für den Berufsausbildungsbeginn, die mich betreffen? (z. B. Mindestalter 18 Jahre?) ○ nein ○ ja

9 Erfülle ich die **körperlichen/gesundheitlichen Voraussetzungen** für den Wunschberuf? (Denke daran: Allergien, geringe körperliche Belastungsfähigkeit oder dauerhafte Erkrankungen können Hinderungsgründe für bestimmte Berufe sein!) ○ nein ○ ja

10 Gibt es **Ausbildungsbetriebe in meiner Umgebung?** ○ nein ○ ja
wenn nein: Bin ich auch bereit, in einen anderen Ort zu ziehen, um die Ausbildung zu absolvieren? ○ nein ○ ja

Auswertung:

Deine Entscheidung: Hast du …	**Die Schlussfolgerung**
… überall „ja“ angekreuzt?	→ Der Beruf passt perfekt zu dir!
… bei den Fragen 1 und 2 „nein“ angekreuzt?	→ Überlege, ob du dich anpassen kannst. Wenn dies nicht der Fall ist, solltest du einen anderen Beruf wählen.
… bei den Fragen 3 und 4 „nein“ angekreuzt?	→ Überlege, wie du dich bei diesen Fähigkeiten und Schulfächern verbessern kannst oder wähle einen Beruf mit anderen Anforderungen.
… bei Frage 5 „nein“ angekreuzt?	→ Überlege, wie und wo du den benötigten Abschluss erreichen kannst oder wähle einen Beruf, der einen anderen Abschluss voraussetzt.
… bei Frage 6 „nein“ angekreuzt?	→ Versuche, noch ein Praktikum in dem Beruf zu machen.
… bei Frage 7 „nein“ angekreuzt?	→ Informiere dich über finanzielle Unterstützung (z. B. Schüler-BaföG, Wohngeld, andere Ausbildungshilfen) oder wähle einen anderen Beruf.
… bei Frage 8 „nein“ angekreuzt?	→ Überlege, wie du die Zeit sinnvoll überbrücken kannst oder wähle einen anderen Beruf.
… bei Frage 9 „nein“ angekreuzt.	→ Dieser Beruf kommt für dich nicht in Frage. Wähle eine Alternative.
… bei Frage 10 zweimal „nein“ angekreuzt?	→ Dieser Beruf kommt für dich nicht in Frage. Wähle eine Alternative. Bist du jedoch bereit umzuziehen, suche nach einer Region, in der es Ausbildungsplätze gibt.

Gesamtergebnis:	Der Beruf passt perfekt zu mir!	○
	Der Beruf passt, aber ich muss mich in einigen Bereichen noch verbessern.	○
	Ich brauche einen Alternativberuf.	○

Stärken belegen

Für deine spätere Bewerbung solltest du deine Stärken und Fähigkeiten „beweisen“ können. Dies kannst du durch Belege erreichen, die du im Lauf der Zeit gesammelt hast.

1 Andi hat Belege gesammelt. Welche Fähigkeiten kann er damit nachweisen? Nenne jeweils drei Fähigkeiten, die durch einen Beleg bestätigt werden, und schreibe sie auf den gelben Zettel.

Beispiele für Fähigkeiten sind bei der nächsten Aufgabe aufgelistet.

Deutsches Rotes Kreuz
Jugendrotkreuz

Ehrenamtliche Tätigkeit

Andi Krämer
ist seit 3 Jahren aktives Mitglied bei Jugendrotkreuz Neustadt

Er absolvierte in acht Doppelstunden eine Erste-Hilfe-Grundausbildung, nahm regelmäßig an den Gruppenstunden und Ferienfreizeiten teil und engagierte sich in verschiedenen Projekten wie dem Schulsanitätsdienst und dem Spendenlauf.

Wir danken Andi für seinen Einsatz.

Heike Brenner
JRK-Leiterin

Streitschlichter-Zertifikat

Andi Krämer war nach seiner freiwilligen Ausbildung 4 Jahre lang als Streitschlichter an unserer Schule tätig.

Er trug dazu bei, Konflikte auf friedliche Weise einvernehmlich zu lösen. Es gelang Andi, zwischen den Streitparteien zu vermitteln und zu dauerhaften Konfliktlösungen beizutragen. Er leistete einen großen Beitrag zum Frieden an unserer Schule.

Max Schüller
Schulleiter

Verein Spiel und Sport Neustadt

Übungsleiter-Zertifikat für Andi Krämer

Andi Krämer betreute 2 Jahre lang die F-Jugend-Mannschaft und übernahm die folgenden Aufgaben:
- Leitung des Trainings
- Betreuung der Mannschaft bei Meisterschaftsspielen
- Schiedsrichter bei Spielen

Er erledigte zuverlässig alle Aufgaben, brachte eigene Ideen ein und war stets Ansprechpartner für die Kinder. Der Verein bedankt sich ganz herzlich für sein besonderes Engagement.

Volker Betz
Vorstand

Fähigkeiten:

____

____

____

____

____

____

____

____

____

2 Welche Belege hast du? Liste sie auf und ordne zu, welche deiner Fähigkeiten du damit nachweisen kannst. Belege können sein: Bescheinigungen, Zertifikate, Urkunden, …

Körperliche Ausdauer – Körperliche Belastbarkeit – Geschicklichkeit/Fingerfertigkeit – Sorgfalt/Genauigkeit – Räumliches Denken – Rechnerisches Denken – Textverständnis – (Dauer–) Aufmerksamkeit – Merkfähigkeit – Organisationsfähigkeit – Kreativität – Teamfähigkeit – Hilfsbereitschaft – Einfühlungsvermögen – Kritikfähigkeit – Konfliktfähigkeit – Kommunikationsfähigkeit – Zuverlässigkeit – Selbstständigkeit – Verantwortungsbewusstsein – Leistungsbereitschaft – Durchhaltevermögen – Pünktlichkeit

Beispiel:

Beleg:	Fähigkeiten
Praktikumsbescheinigung für das Praktikum als Altenpfleger	*Einfühlungsvermögen, Hilfsbereitschaft, Kommunikationsfähigkeit …*

Beleg:	Fähigkeiten

3 Niemand ist überall stark. Jeder Mensch kann sich irgendwo verbessern.

a) Suche dir einen Bereich aus, in dem du dich verbessern möchtest. Das kann eine bestimmte Fähigkeit sein, aber auch ein Schulfach. Notiere den Bereich auf der Portfolioseite und beantworte die Fragen dazu.

b) Suche dir eine Begleiterin oder einen Begleiter, die/der dich bei deinem Vorhaben unterstützt und dich berät. Bitte sie/ihn, zum Abschluss deines Vorhabens die Bestätigung zu unterschreiben.

Ich will mich verbessern!

In diesem Bereich will ich besser werden: ______________________

1. Dieses Ziel will ich tatsächlich erreichen: ______________________

____

____

2. Warum will ich dieses Ziel erreichen? ______________________

____

____

____

3. Wie will ich mein Ziel erreichen? ______________________

____

____

____

4. Von wem brauche ich Hilfe?	**5.** Wobei brauche ich Hilfe?

6. Wann werde ich beginnen?

T	T	M	M	J	J

7. Wann werde ich fertig?

T	T	M	M	J	J

8. Woran kann ich erkennen, dass ich mein Ziel erreicht habe? ______________________

____

____

____

9. Wer kann mir das bestätigen? ______________________

Bestätigung

Hiermit bestätige ich, dass die Schülerin/der Schüler ______________________ (Name)

das oben beschriebene Ziel erreicht hat.

______________________ ______________________

Datum Unterschrift

4 Konflikte lösen

Ich werde …

- *das Jugendarbeitsschutzgesetz kennen*
- *meine Rechte und Pflichten während der Ausbildung kennen*
- *die Inhalte eines Ausbildungsvertrags verstehen*
- *Tarifverhandlungsverfahren beschreiben*

Artikel 32 der UN-Kinderrechtskonvention
(1) Die Vertragsstaaten anerkennen das Recht des Kindes, vor wirtschaftlicher Ausbeutung geschützt und nicht zu einer Arbeit herangezogen zu werden, die Gefahren mit sich bringen, die Erziehung des Kindes behindern oder die Gesundheit des Kindes oder seine körperliche, geistige, seelische, sittliche oder soziale Entwicklung schädigen könnte.

1 Lies Artikel 32 der UN-Kinderrechtskonvention. Welche der genannten Rechte werden auf den Bildern missachtet?

2 Gelten diese Rechte auch für Jugendliche während der Ausbildung?

„Ich komme mit meinem Chef nicht klar. Wer kann mir helfen?"

Das Jugendarbeitsschutzgesetz (JArbSchG)

Online-Link
103620-0042
JArbSchG

Gesetz zum Schutz der arbeitenden Jugend

§ 8 Dauer der Arbeitszeit
(1) Jugendliche dürfen nicht mehr als acht Stunden täglich und nicht mehr als 40 Stunden wöchentlich beschäftigt werden.

§ 11 Ruhepausen, Aufenthaltsräume
(1) Jugendlichen müssen im Voraus feststehende Ruhepausen von angemessener Dauer gewährt werden. Die Ruhepausen müssen mindestens 30 Minuten bei einer Arbeitszeit von mehr als viereinhalb bis zu sechs Stunden betragen, 60 Minuten bei einer Arbeitszeit von mehr als sechs Stunden.

§ 14 Nachtruhe
(1) Jugendliche dürfen nur in der Zeit von 6 bis 20 Uhr beschäftigt werden.
(2) Jugendliche über 16 Jahre dürfen im Gaststätten- und Schaustellergewerbe bis 22 Uhr, in mehrschichtigen Betrieben bis 23 Uhr, in der Landwirtschaft ab 5 Uhr oder bis 21 Uhr, in Bäckereien und Konditoreien ab 5 Uhr beschäftigt werden.

§ 15 Fünf-Tage-Woche
Jugendliche dürfen nur an fünf Tagen in der Woche beschäftigt werden.

§ 22 Gefährliche Arbeiten
(1) Jugendliche dürfen nicht beschäftigt werden
- mit Arbeiten, die ihre physische oder psychische Leistungsfähigkeit übersteigen,
- mit Arbeiten, bei denen sie sittlichen Gefahren ausgesetzt sind,
- mit Arbeiten, die mit Unfallgefahren verbunden sind, von denen anzunehmen ist, dass Jugendliche sie wegen mangelnden Sicherheitsbewusstseins oder mangelnder Erfahrung nicht erkennen oder nicht abwenden können,
- mit Arbeiten, bei denen ihre Gesundheit durch außergewöhnliche Hitze oder Kälte oder starke Nässe gefährdet wird,
- mit Arbeiten, bei denen sie schädlichen Einwirkungen von Lärm, Erschütterungen oder Strahlen ausgesetzt sind,
- mit Arbeiten, bei denen sie schädlichen Einwirkungen von Gefahrstoffen im Sinne des Chemikaliengesetzes ausgesetzt sind.

§ 29 Unterweisung über Gefahren
(1) Der Arbeitgeber hat die Jugendlichen vor Beginn der Beschäftigung und bei wesentlicher Änderung der Arbeitsbedingungen über die Unfall- und Gesundheitsgefahren, denen sie bei der Beschäftigung ausgesetzt sind, sowie über die Einrichtungen und Maßnahmen zur Abwendung dieser Gefahren zu unterweisen. Er hat die Jugendlichen vor der erstmaligen Beschäftigung an Maschinen oder gefährlichen Arbeitsstellen oder mit Arbeiten, bei denen sie mit gesundheitsgefährdenden Stoffen in Berührung kommen, über die besonderen Gefahren dieser Arbeiten sowie über das bei ihrer Verrichtung erforderliche Verhalten zu unterweisen.

§ 31 Züchtigungsverbot, Verbot der Abgabe von Alkohol und Tabak
(1) Wer Jugendliche beschäftigt, beaufsichtigt, anweist oder ausbildet, darf sie nicht körperlich züchtigen.
(2) Wer Jugendliche beschäftigt, muss sie vor körperlicher Züchtigung und Misshandlung und vor sittlicher Gefährdung durch andere schützen. Er darf Jugendlichen unter 16 Jahren keine alkoholischen Getränke und Tabakwaren, Jugendlichen über 16 Jahre keinen Branntwein geben.

Quelle: Jugendarbeitsschutzgesetz, Texte etwas gekürzt

1 Analysiere die dargestellten Situationen auf der nächsten Seite.
a) Formuliere für die Position des Arbeitgebers und des Auszubildenden eine ICH-Botschaft zur Situation.
b) Was sagt das Jugendarbeitsschutzgesetz dazu?
c) Sucht eine Lösung, mit der beide Seiten zufrieden sind.

ICH-Botschaft:
Teile mit
- wie du dich fühlst
- warum das so ist
- was du anders haben möchtest.

Fall 1:
Simon arbeitet seit 8:00 Uhr. Jetzt ist es 14:30 Uhr. Der Auftrag muss heute unbedingt fertig werden. Die Zusammenstellung der Lieferung wird aber noch mindestens zwei Stunden dauern.

1 „Dann wird eben weniger Pause gemacht."

2 „Das kann er doch nicht verlangen, oder?"

ICH-Botschaft des Arbeitgebers:	ICH-Botschaft des Jugendlichen:
JArbSchG:	
Lösungsvorschlag:	

Fall 2:
Ramona macht eine Ausbildung zur Holzbearbeitungs-Mechanikerin. Ihr Ausbilder Herr Treidel hat ihr alle Sicherheitsbestimmungen für die Werkstatt und das Holzlager erklärt. Trotzdem kommt Ramona mit ihren Turnschuhen zur Arbeit. Herr Treidel ist sauer und stellt sie zur Rede.

3 „Die Sicherheitsschuhe sehen einfach unmöglich aus!"

4 „Und was ist, wenn dir ein Holzbalken auf den Fuß fällt?"

ICH-Botschaft des Arbeitgebers:	ICH-Botschaft der Jugendlichen:
JArbSchG:	
Lösungsvorschlag:	

2 Denkt euch weitere Konfliktfälle aus, die in einem Betrieb vorkommen können und bearbeitet sie wie in Aufgabe 1.

3 Entscheidet euch für einen der bearbeiteten Fälle und spielt die Situation im Rollenspiel nach.

Der Ausbildungsvertrag

Möchtest du nach dem Erreichen der Berufsreife mit einer dualen Ausbildung beginnen, brauchst du einen Ausbildungsvertrag mit einem Betrieb oder Unternehmen. Dort sind alle Informationen über den Ausbildungsort, die Ausbildungsdauer und -vergütung festgelegt.

Lies auch das „Kleingedruckte" auf der Rückseite bevor du unterschreibst!

Berufsausbildungsvertrag
(§§ 10, 11 Berufsbildungsgesetz - BBiG)

Zwischen dem Ausbildenden (Ausbildungsbetrieb)

KNR	Firmenident-Nr.	Tel.-Nr.
		01234/131415

Anschrift des Ausbildenden	Schaltanlagen Friedrich
Straße, Haus-Nr.	Trierer Str. 13a
PLZ / Ort	54321 / Neustadt
E-Mail-Adresse des Ausbildenden	info@schaltanlagen-friedrich.de
Verantwortlicher Ausbilder Herr	Manfred Friedrich
geb. am	10.09.1967

und der / dem Auszubildenden männlich ☐ weiblich ☒

Name	Ettel
Vorname	Jasmin
Straße, Haus-Nr.	Karlsweg 17
PLZ / Ort	54321 / Neustadt
Geburtsdatum	13.04.96
Geburtsort	Bitburg
Staatsangehörigkeit	deutsch
Gesetzliche Vertreter[1]	Eltern
Namen, Vornamen der gesetzlichen Vertreter	Ettel, Rosa und Helmut
Straße, Hausnummer	Karlsweg 17
PLZ / Ort	54321 / Neustadt

wird nachstehender Vertrag zur Ausbildung im Ausbildungsberuf mit der Fachrichtung/ dem Schwerpunkt/ dem Wahlbaustein etc. **Bürokauffrau** nach Maßgabe der Ausbildungsordnung[2] geschlossen.

A Die Ausbildungszeit beträgt nach der Ausbildungsordnung ____ Monate.
Das Berufsausbildungsverhältnis beginnt am 01.08.2012 endet am 31.01.2016

B Die Probezeit (§ 1 Nr. 2) beträgt 3 Monate.[3]

E Der Ausbildende zahlt der/dem Auszubildenden eine angemessene Vergütung (§ 5); diese beträgt zur Zeit monatlich brutto

EUR				
im	ersten	zweiten	dritten	vierten

Ausbildungsjahr.

F Die regelmäßige tägliche Ausbildungszeit beträgt 8 Stunden.[4]
Die regelmäßige wöchentliche Ausbildungszeit beträgt 40 Stunden.[4]

G Der Ausbildende gewährt der/dem Auszubildenden Urlaub nach den geltenden Bestimmungen. Es besteht ein Urlaubsanspruch

Im Jahr					
Werktage	30				
Arbeitstage					

1 Entnimm dem Vertrag die folgenden Informationen:

Welchen Beruf lernt Jasmin? ______________________________

Wie lange dauert die Probezeit? ______________________________

2 Wie lange dauert die Ausbildung und wie hoch ist die Vergütung? Recherchiere die Angaben und trage sie in den Vertrag ein (berechne bei der Vergütung den Durchschnitt).

Die Probezeit ist eine besondere Zeit, da währenddessen von beiden Seiten gekündigt werden kann, ohne dafür Gründe anzugeben.

Online-Link
103620-0044
Bürokauffrau Ausbildungsvertrag

	Der Auszubildende soll:		Der Ausbilder soll:
A	sich bemühen, das vorgesehene Ausbildungsziel zu erreichen.	**G**	alle wichtigen Kenntnisse und Fertigkeiten vermitteln, damit das Ausbildungsziel erreicht werden kann.
B	am Berufsschulunterricht und den (Zwischen-) Prüfungen teilnehmen.	**H**	nur solche Tätigkeit verrichten lassen, die zur Ausbildung gehören.
C	ein Berichtsheft führen und dem Ausbilder vorlegen.	**I**	Materialien und Werkzeuge kostenfrei zur Verfügung stellen.
D	sich bei Krankheit im Betrieb und der Schule melden.	**J**	den Auszubildenden für den Besuch der Berufsschule freistellen.
E	den Weisungen des Ausbilders folgen.	**K**	das körperliche und sittliche Wohlergehen gewährleisten und fördern.
F	Materialien und Werkzeuge pfleglich behandeln.	**L**	zu allen Prüfungen anmelden.

1 Pflichten von Auszubildenden und Ausbildern

3 Wer hat sich in den folgenden Fällen an seine Pflichten gehalten (grün) bzw. nicht gehalten (rot)? Markiere die entsprechende Spalte mit einem Kreuz.

		Auszubildende		Ausbilder	
1	Eva ruft im Betrieb an. Sie meldet sich krank. Der Chef soll noch in der Berufsschule Bescheid geben, was er aber nicht macht.				
2	Lisa hat am Wochenende ihr Berichtsheft geschrieben. Jetzt bittet sie ihren Ausbilder, es sich anzusehen, was er auch tut.				
3	Thomas verlässt die Berufsschule heute früher. Sein Chef hat eine Sonderschicht angeordnet.				
4	Conrad soll sich auf Anweisung seines Chefs einen eigenen Messersatz für seine Kochlehre kaufen. Doch er benutzt weiterhin die Messer der Großküche.				
5	Karla denkt nicht daran, die Einnahmen zu zählen. In 10 Minuten hat sie Feierabend und außerdem war sie in Mathe nie gut. Der Chef besteht darauf.				
6	Bruno geht auf Anraten seines Chefs zum Arzt, sein Ausschlag sieht nach einer allergischen Reaktion aus.				

4

a) Welche Beispiele könnten zu einem Konflikt führen?

b) Macht Vorschläge wie diese Konflikte vermieden werden könnten, ohne dass einer von beiden die Pflichten verletzt.

Hilfen und Unterstützung bei Problemen

Online-Link
103620-0046
abH

Während deiner Ausbildung kannst du in Situationen kommen, in denen du richtig reagieren musst, um einen Konflikt zu vermeiden. Wenn du Schwierigkeiten im Betrieb oder in der Berufsschule hast, kannst du dich (auch vertraulich) an die Ausbildungsberater der Kammer wenden. Sie helfen Auszubildenden, denen der Unterricht in der Berufsschule Schwierigkeiten bereitet, die Lernprobleme oder Prüfungsangst, Sprachprobleme oder Schwierigkeiten im Betrieb oder im sozialen Umfeld haben. Die folgenden Unterstützungsmöglichkeiten werden angeboten:
- Nachhilfe in Theorie und Praxis
- Vorbereitung auf Klassenarbeiten und Prüfungen
- Nachhilfe in Deutsch
- Unterstützung bei Alltagsproblemen
- Vermittelnde Gespräche mit Ausbildern

1 Neben den Kammern bietet die Bundesagentur für Arbeit „ausbildungsbegleitende Hilfen" (abH) an. Die Maßnahmen finden meistens in kleinen Gruppen statt.

1 Ordne die vorgeschlagenen Reaktionen den Situationen A – E zu.

(A) Dir wird in der Probezeit gekündigt

(B) Du kommst mit den Kollegen/innen nicht klar oder fühlst dich vom Chef ungerecht behandelt.

(C) Du schaffst die Berufsschule nicht.

(D) Du blickst in einzelnen Fächern der Berufsschule nicht durch.

(E) Du wirst die praktische, aber nicht die theoretische Prüfung bestehen.

	Du kannst die theoretische Prüfung wiederholen. Brich auf keinen Fall deine Ausbildung ab, sondern suche dir Hilfe.
	Versuche den Konflikt durch ein Gespräch zu klären. Sprich mit einer Vertrauensperson darüber, z. B. einer Kollegin/einem Kollegen oder einer Ausbildungsberaterin/einem Ausbildungsberater der Kammern.
	Gehe sofort zur Agentur für Arbeit und melde dich arbeitslos, so erhältst du finanzielle Unterstützung und bleibst krankenversichert.
	Wenn dir der gesamte Berufsschulunterricht zu schwierig ist, lass von der Berufsberatung prüfen, ob du die Ausbildung mit herabgesetzten Anforderungen fortsetzen kannst oder die Ausbildung wechseln solltest.
	Frage bei deinem Lehrer nach ausbildungsbegleitenden Hilfen (abH) für die betreffenden Fächer nach.

2 In einigen Situationen könnte Unterstützung von außen eine Lösung sein.
In welchen Situationen würdest du welche Unterstützungsmaßnahme empfehlen?

Informieren, mitbestimmen, mitwirken

Soziale Angelegenheiten:
Verhalten im Betrieb, Arbeitszeiten und Pausen, Urlaubsregelungen, Verhütung von Unfällen
Personelle Angelegenheiten:
Einstellung, Versetzung, Eingruppierung, Kündigung

Jeder Betrieb mit mehr als fünf fest Angestellten kann einen Betriebsrat wählen. Der Betriebsrat ist die Interessenvertretung aller Arbeitsnehmerinnen und Arbeitnehmer in einem Betrieb. Er hilft, wenn Konflikte in sozialen oder personellen Angelegenheiten zu schlichten und zu regeln sind. Der Betriebsrat muss bei einigen Entscheidungen informiert werden, bei anderen kann er mitwirken oder auch mitbestimmen. Betriebsratsmitglieder erhalten für die Tätigkeit kein zusätzliches Geld, sie haben aber einen besonderen Kündigungsschutz.

Methode: Fishbowl
Ein Teil der Klasse sitzt in einer Art „Aquarium" im Zentrum des Klassenraumes und diskutiert stellvertretend für die Gesamtklasse ein bestimmtes Thema. Die übrigen Schüler sind Zuschauer und Beobachter und können sich ggf. kurzzeitig auf einen freien Stuhl im „Aquarium" begeben, um einen eigenen Beitrag einzubringen. Abschließend findet eine Feedback-Runde statt.

1 Bereitet euch in Gruppen auf jeweils eine Rolle vor und sucht weitere Argumente für eure Position. Spielt anschließend die Situation im Fishbowl.

Bei der Schröder GmbH gibt es die Bestimmung, dass immer mindestens die Hälfte der Belegschaft anwesend sein muss. Wie jedes Jahr gibt es vor Beginn der Sommerferien Diskussionen darüber, wer wann Urlaub machen kann. Jetzt hilft nur noch die Vermittlung durch den Betriebsrat …

„Wegen meiner beiden Kinder muss ich unbedingt während der Sommerferien Urlaub machen. Das geht leider nicht anders, sonst bekomme ich Ärger mit meiner Familie."

„Immer bekommen die Familien mit Kindern Vorrang. Und ich muss seit 5 Jahren im Herbst Urlaub machen wenn das Wetter schlecht ist. Das sehe ich gar nicht ein!"

„Um unsere Kunden bedienen zu können, müssen immer genügend Ansprechpartner da sein. Da kann ich als Geschäftsführerin keine Ausnahme machen."

„Ich bin jetzt schon 30 Jahre im Unternehmen und lasse mir sicher von euch nicht vorschreiben, wann ich Urlaub nehmen darf und wann nicht!"

Die Jugend- und Auszubildendenvertretung (JAV)

Sind in einem Betrieb mindestens fünf Arbeitnehmerinnen oder Arbeitnehmer unter 18 Jahren oder Auszubildende unter 25 Jahren beschäftigt, kann für je zwei Jahre eine Jugend- und Auszubildendenvertretung (JAV) gewählt werden. Die Vertreterinnen und Verteter der JAV wachen darüber, dass die geltenden Gesetze, Verordnungen, Unfallverhütungsvorschriften usw. für Auszubildende durchgesetzt werden. Sie beantragen Maßnahmen, die den Auszubildenden bei Fragen der Berufsbildung und bei der Übernahme in ein Arbeitsverhältnis helfen. Außerdem nehmen sie an den Sitzungen des Betriebsrats teil und können ihre Themen und Probleme dort zu Gehör bringen.

1 Was würdest du in diesen Fällen als Vertreterin oder Vertreter der JAV raten?

Julia soll schon den vierten Tag hintereinander den Rasen des Chefs mähen, weil angeblich keine Aufträge da sind.	Sebastian hat Angst, die theoretische Prüfung in der Berufsschule nicht zu bestehen.	Klara hat keine Lust mehr, ständig ihre Werkzeugkiste aufzuräumen, sie findet auch so alles. Und vom Gesellen lässt sie sich sowieso nichts sagen.
______	______	______

2

a) Sucht Argumente für und gegen ein Engagement in der JAV.

______

b) Könntest du dir vorstellen, in einer JAV mitzuarbeiten oder eher nicht? Triff eine Entscheidung und begründe deine Einstellung.

Ich würde in einer JAV ○ mitarbeiten ○ nicht mitarbeiten, weil ______

Verschiedene Rollen, verschiedene Interessen

Interessenvertretungen von Arbeitnehmern und Arbeitgebern
Viele Konflikte im Berufsleben treten auf, weil die Interessen der Arbeitgeber und der Arbeitnehmer grundsätzlich verschieden sind. Vor allem wenn die Vereinbarungen in Tarifverträgen neu ausgehandelt werden, kommt es oft zu Auseinandersetzungen, denn beide Seiten müssen sich für einen längeren Zeitraum daran halten. In den Tarifverträgen werden die Arbeitsbedingungen festgelegt, z. B. Arbeitszeiten, Lohnhöhen, Urlaubstage usw.

Um die eigenen Interessen besser vertreten zu können, haben sich viele Arbeitnehmer der verschiedenen Branchen (z. B. Dienstleistungsbranche, Textilbranche ...) zu Gewerkschaften zusammengeschlossen. Um ihre Interessen durchzusetzen, können die Gewerkschaften zum Streik aufrufen. Dann legen Arbeitnehmerinnen und Arbeitnehmer eines Betriebs oder einer Branche ihre Arbeit nieder. Die in der Gewerkschaft organisierten Arbeiterinnen und Arbeiter bekommen in dieser Zeit einen Lohnersatz von der Gewerkschaft gezahlt.

Die Arbeitgeber sind in Verbänden organisiert, die sich in der Bundesvereinigung der Deutschen Arbeitgeberverbände e. V. (BDA) zusammengeschlossen haben. Wenn es zum Streik kommt, können die Arbeitgeber eine Aussperrung beschließen. Das heißt, dass die Betriebe alle Arbeitnehmer nicht arbeiten lassen, und ihnen auch keinen Lohn zahlen. Alle Arbeitnehmer, die nicht in einer Gewerkschaft organisiert sind, bekommen dann kein Geld. Die Arbeitgeber hoffen, dass dadurch der Druck auf die Gewerkschaften so groß wird, dass sie schnell zu einer Einigung kommen. Aussperrungen kommen sehr selten vor.

1 Unterstreiche im Text die beiden Interessenvertretungen und die Mittel, die beide Seiten im Arbeitskampf haben.

2 Beantworte die Fragen zum Foto.

a) Welche Gruppe streikt?

____

b) Wofür streiken die Menschen?

____

c) Wie heißt die Gewerkschaft der Streikenden?

____

3 Versetze dich in die Lage der folgenden Personen. Was würden sie zum Streik sagen?

Arbeitgeber (Kliniken): ______________________________

____

Betriebsratsmitglied: ______________________________

____

Patient: ______________________________

____

Ablauf einer Tarifverhandlung

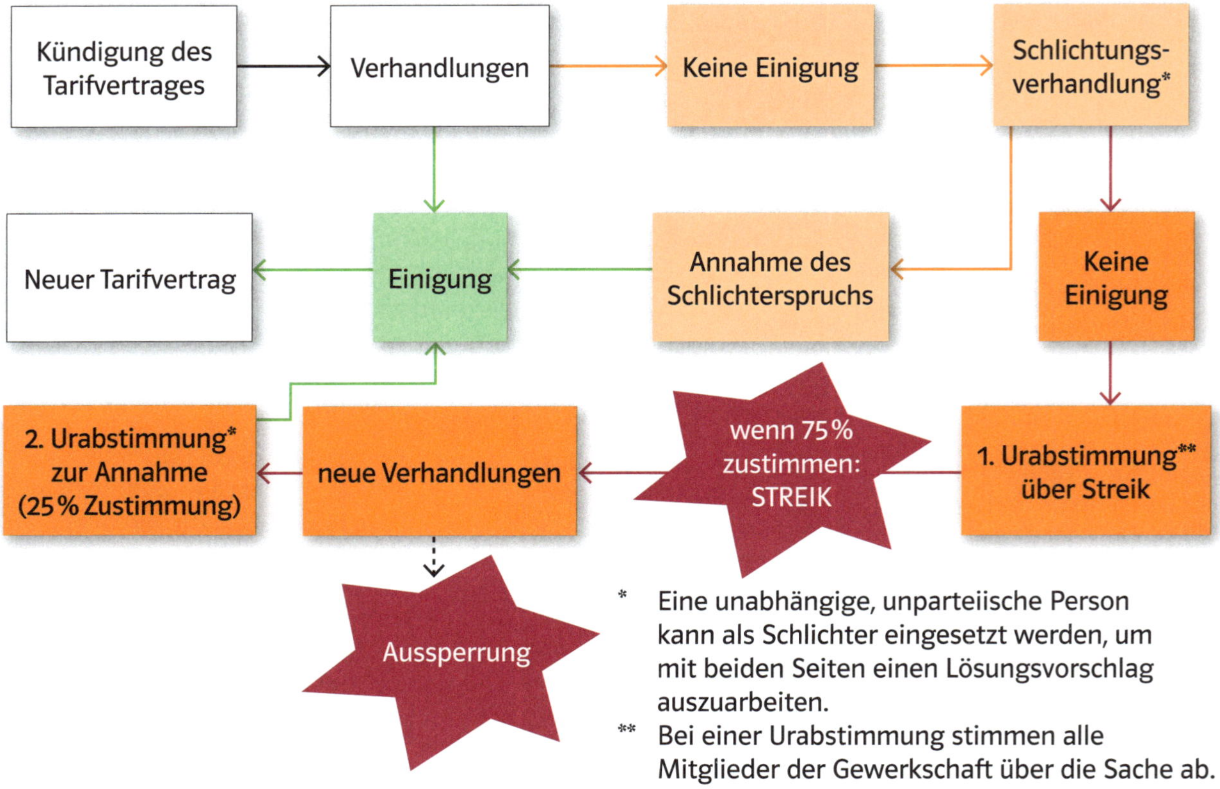

* Eine unabhängige, unparteiische Person kann als Schlichter eingesetzt werden, um mit beiden Seiten einen Lösungsvorschlag auszuarbeiten.

** Bei einer Urabstimmung stimmen alle Mitglieder der Gewerkschaft über die Sache ab.

1

a) Vollziehe den Ablauf einer Tarifverhandlung im Schaubild nach.

b) Besprich den Ablauf mit deiner Partnerin oder deinem Partner, klärt offene Fragen gemeinsam und formuliert anschließend einen Text.

2 Bearbeite die Selbsteinschätzung auf Seite 12.

5 Im Team arbeiten

Ich werde …

- *Teamarbeit in verschiedenen Berufen untersuchen*
- *die Struktur von Unternehmen kennen lernen*
- *wissen, was ein Ablaufdiagramm ist*

1 Welche Berufe sind in den Bildern dargestellt?

2 Welche Personen arbeiten direkt zusammen?

3 Welche Personen kennen sich wahrscheinlich nicht persönlich?

„Wir sind ein großes Team."

Teams im Arbeitsalltag

Tom ist Altenpfleger. Gemeinsam mit den anderen Angestellten im Altenwohnheim kümmert er sich um die Bewohner, von denen einige krank sind. Zu den Aufgaben einer Altenpflegerin oder eines Altenpflegers gehört es, die alten oder kranken Menschen zu pflegen, zu versorgen, ihnen Medikamente zu geben, sich mit ihnen zu beschäftigen und alle Beobachtungen in Berichten und Protokollen festzuhalten. Wie in fast allen Berufen arbeitet Tom im Team mit anderen Mitarbeiterinnen und Mitarbeitern des Heims. Aber auch zu Personen außerhalb seiner Arbeitsgruppe hat Tom viel Kontakt.

1 Emmi Schlüter (86 Jahre): Heimbewohnerin

2 Hülja: Altenpflegerin, Teamleiterin in Toms Team und Altenpflegerin in der gleichen Schicht

3 Herr Dr. Lorenz: Arzt der Bewohner/innen (arbeitet im nahegelegenen Krankenhaus)

8 Igor: Koch des Pflegeheims

9 Tom: Altenpfleger in der Ausbildung (hat heute die Mittagsschicht)

4 Mirco: Altenpfleger der Frühschicht

7 Frau Irmscher: ehrenamtliche Mitarbeiterin des Vereins „Zeit für ältere Menschen“

6 Dieter und Anja Schlüter: Emmis Kinder

5 Irmtraud: Altenpflegerin der Spätschicht

1 Besonders wichtig bei der Teamarbeit ist der Austausch von Informationen. Denn ohne die richtigen Informationen können viele Arbeiten gar nicht erledigt werden.

a) Ordne zu, von wem die folgenden Informationen kommen, die Tom für seine Arbeit benötigt. Schreibe den passenden Namen auf die Linie.

______________	„Heute gibt es zum Nachtisch Erdbeercreme. Da Frau Neuer keine Früchte essen darf, bekommt sie stattdessen Schokoladenpudding."
______________	„Frau Schlüter soll ab sofort das neue Medikament einnehmen. Geben Sie ihr es bitte dreimal täglich."
______________	„Wir Bewohner wünschen uns, dass wir demnächst noch einmal einen Spielenachmittag mit Frau Irmscher machen."
______________	„Wir würden meine Mutter gerne am nächsten Wochenende abholen und mit zu uns nach Hause nehmen. Anja hat Geburtstag."
______________	„Herr Schneider hat heute Nacht schlecht geschlafen. Es kann sein, dass er tagsüber sehr müde und schlecht gelaunt ist."

b) Wer braucht Informationen von Tom? Schreibe auch hier die Namen auf die Linien.

„Am Mittwoch können Sie leider keinen Spielenachmittag veranstalten, da sind viele Heimbewohner bei der Reha."	______________
„Am Samstag ist Frau Schlüter nicht da. Wir brauchen also ein Essen weniger."	______________
„Ich habe Ihnen ein neues Medikament in Ihre Pillendose gegeben. Sie müssen es ab sofort dreimal am Tag einnehmen."	______________
„Es wäre sehr nett, wenn du mir um neun Uhr helfen könntest, Herrn Shahin zu waschen. Ich schaffe es nicht alleine, ihn zu heben."	______________
„Frau Schlüter braucht ab sofort dreimal täglich ihr neues Medikament."	______________

2 Frau Phillipp ist seit gestern neue Bewohnerin im Altenwohnheim. Sie ist noch recht fit, allerdings erzählt sie Tom, dass sie keine Milchprodukte verträgt.

a) Was passiert, wenn die Information über die Allergie nicht weitergegeben wird?

____

____

b) An wen muss die Information weitergegeben werden und warum?

Person	**Begründung**
______________	______________
______________	______________
______________	______________
______________	______________

3 Trage in die Abbildung ein, mit wem Tom auf seiner Arbeit zu tun hat. Ordne seine Arbeitskolleginnen und -kollegen im Betrieb ein und alle Menschen, mit denen er sonst noch zu tun hat, außerhalb des Betriebs.

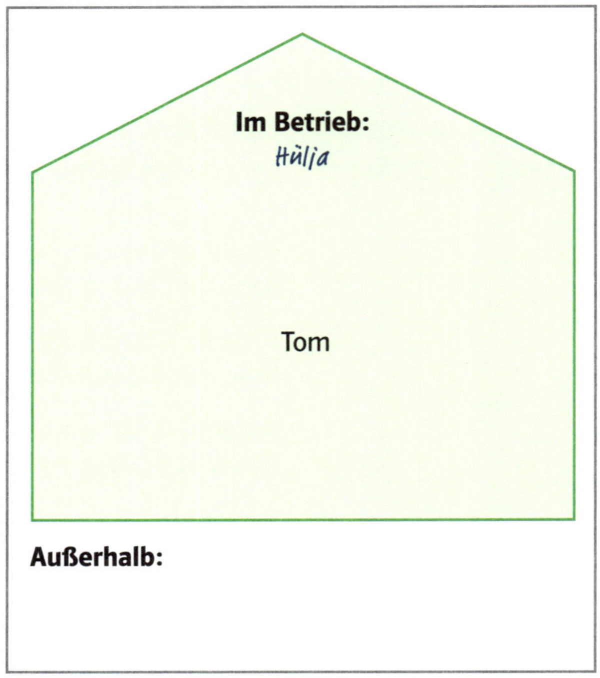

4 Ines macht eine Ausbildung zur Mediengestalterin für Digital- und Printmedien bei „Faber-Druck". Trage die Funktionen der Personen, mit denen Ines und ihre Kollegen zu tun haben, in der Abbildung ein.

Kurz nachdem Ines ihren Computer gestartet hat, findet die erste Sitzung mit ihrer Abteilungsleiterin Frau Täuscher und ihrem Mediengestalter-Kollegen Christian Tiez statt. Ines präsentiert ihre Arbeitsergebnisse – den Katalog für die „Möbelfix AG". Gemeinsam prüfen sie, ob die Qualität stimmt und alle Vorgaben des Kunden eingehalten wurden. Die Ergebnisse mailt sie an den Kundenberater Herrn Klaas, damit er die Unterlagen dem Kunden zur Ansicht schicken kann.
Nach der Mittagspause bekommt Ines eine Nachricht von Herrn Klaas: Der Werbeflyer, den Ines letzte Woche erstellt hat, kann gedruckt werden. Ines leitet daraufhin die Druckdaten an die Druckerin Frau Thielges weiter. Diese hat gerade das Papier eingelegt, das die Einkäuferin Frau Kleist bei der „Papierfabrik GmbH" bestellt hat. Nach dem Druck werden die Flyer von Herrn Trabusch von der Weiterverarbeitung zugeschnitten und gefalzt und an den Logistiker Herrn Maier zur Auslieferung weitergegeben. Herr Kunze von der Buchhaltung legt noch die Rechnung bei.

5 Trage auf der Portfolioseite ein, mit wem du in deinem Wunschberuf und in deinem Alternativberuf später zu tun haben wirst. Mit welchen Personen oder Funktionen wirst du im Betrieb zusammentreffen? Mit welchen Personen außerhalb des Betriebs könnte es Berührungspunkte geben?

Mein Team im Wunschberuf

Mein Wunschberuf: ______________________________

Im Betrieb:

Außerhalb:

Mein Team im Alternativberuf

Mein Alternativberuf: ______________________________

Im Betrieb:

Außerhalb:

Aufbauorganisation

Je größer ein Unternehmen ist, umso mehr wird die Arbeit auf verschiedene Personen und Abteilungen aufgeteilt. Die Struktur eines Betriebes kann man in einem Organigramm darstellen. Hier wird für die Mitarbeiterinnen und Mitarbeiter und Außenstehende beschrieben, wer für was verantwortlich ist, wer wessen Vorgesetzter ist und wie Informationen durch das Unternehmen laufen.
Traditionelle Unternehmen sind hierarchisch gegliedert. Man sieht, wer an oberster Stelle steht und das „Sagen" hat. Diese Personen tragen die Verantwortung für die Arbeit in der Abteilung. Sie können den anderen Mitarbeitern Anweisungen geben.

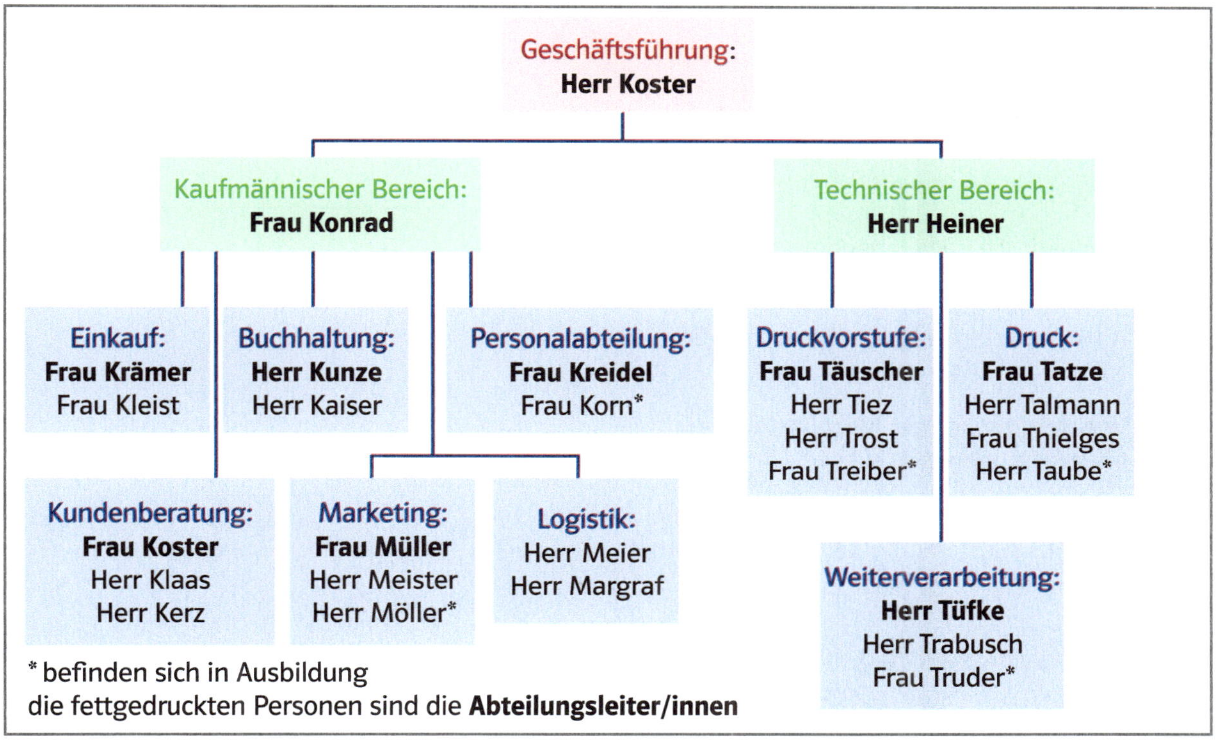

1 Organigramm der Druckerei „Faber-Druck"

1 Alle Abteilungen eines Unternehmens lassen sich den drei Bereichen „Beschaffung", „Produktion" und „Absatz" zuordnen.

> Überlege, was alles beschafft bzw. angeschafft werden muss, damit ein Produkt hergestellt werden kann.

Welche der kaufmännischen Abteilungen gehören zur „Beschaffung", welche zum „Absatz". Begründe deine Entscheidung.

Beschaffung	Absatz

2 Beantworte mit Hilfe des Organigramms die Fragen zur Druckerei „Faber-Druck".

a)	Wer hat in der Firma das Meiste zu sagen?	
b)	Einmal pro Woche treffen sich alle Abteilungsleiterinnen und -leiter. Wie viele Personen sind dann anwesend?	
c)	Da es in der Logistik-Abteilung keinen Leiter gibt, an wenn muss sich Herr Meier bei einem Problem wenden?	
d)	Wer ist zuständig für die Einstellung oder Entlassung von Personal?	
e)	An wen sollte sich Frau Treiber bei einem Problem wenden?	
f)	Wer ist für die Papierbestellung zuständig?	
g)	Wer wird die Rechnungen der Druckerei schreiben?	
h)	An wen darf Herr Koster Anweisungen geben?	
i)	Von wem muss Herr Taube Weisungen entgegen nehmen?	
j)	Wer ist verantwortlich für das Schneiden, Heften, Falzen und Verpacken der Waren?	

3 Herr Talmann stellt fest, dass das Papier für einen Auftrag nicht ausreicht. Im Lager ist auch nichts mehr. Über welche Personenkette läuft die Information bis zur Bestellung?

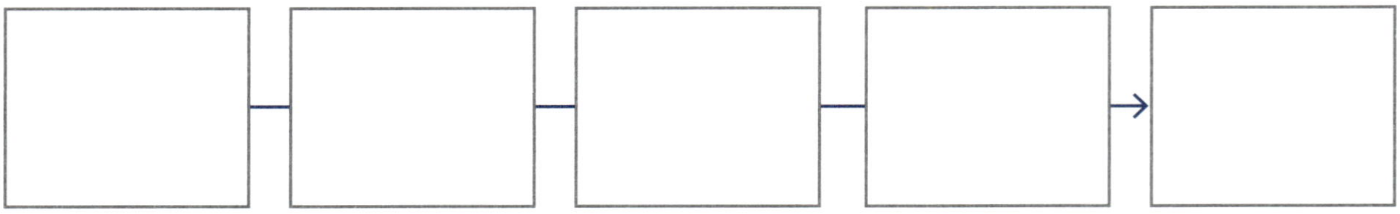

4 Welchen Vor- und Nachteil haben solche Informationswege?

Vorteile: ____________________

____

____

Nachteile: ____________________

____

____

Abläufe beschreiben

Ablaufdiagramm
Ein Vorgang innerhalb eines Betriebes kann in einem Ablaufdiagramm dargestellt werden. Mit unterschiedlichen Symbolen werden dabei Start und Stopp, Entscheidungen, bestimmte Tätigkeiten und Ablaufrichtungen dargestellt.

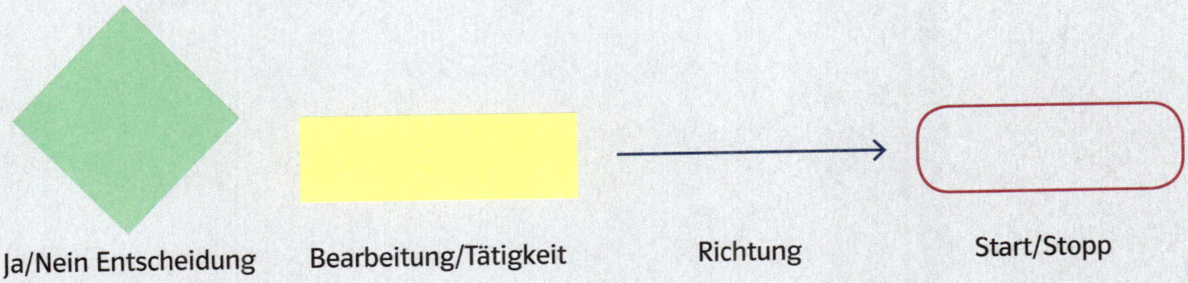

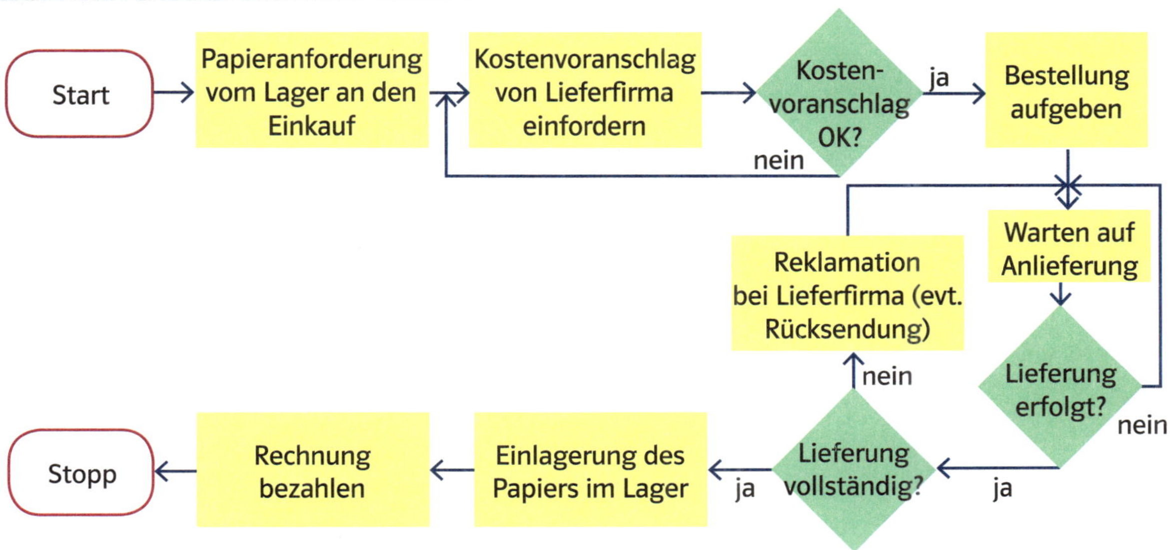

1 Ablaufdiagramm einer Papierbestellung

1 Beschreibe mit eigenen Worten, wie die Papierbestellung abläuft und welche Abteilungen beteiligt sind.

2 Die Firma „Faber-Druck“ hat eine Anfrage zum Druck einer Broschüre erhalten. Herr Klaas hat einen Kostenvoranschlag erstellt und der Kunde hat den Auftrag erteilt. Auf der folgenden Seite sind die einzelnen Ereignisse/Tätigkeiten und Entscheidungen abgebildet. Erstelle mit ihrer Hilfe ein Ablaufdiagramm zum Vorgang: **„Abwicklung eines Auftrags“** und klebe es hier auf.

3 Überlegt, welche Abteilung aus dem Team von „Faber-Druck“ bei welchem Schritt aktiv werden muss. Schreibt die Namen der Abteilungen an die entsprechende Stelle des Ablaufdiagramms.

4 Bearbeite die Selbsteinschätzung auf Seite 13.

Schrittfolge für Aufgabe 2:

a) Schneide die Ereignisse/Tätigkeiten und Entscheidungen aus.

b) Lege ein Ablaufdiagramm.

c) Vergleiche das Ergebnis mit deiner Partnerin oder deinem Partner.

d) Klebe das Ablaufdiagramm auf und zeichne die Pfeile ein.

Rechnung stimmt mit Kostenvoranschlag überein?

Entwurf am PC erstellen

Vorlage des Entwurfs beim Kunden

Start

Entwurf druckfertig machen

Druck der Broschüre

Kontrolle des Endprodukts

Kunde einverstanden?

Zuschneiden und Falzen der Broschüre

Rechnungserstellung

Sortieren und Heften der Broschüre

Verpacken der Broschüren und Beilegen der Rechnung

Produkt in Ordnung?

Informationen an Buchhaltung über Fertigstellung

Stopp

Versand des Produkts

6 Verantwortung tragen

Ich werde …

- *Stellenanzeigen in der Zeitung analysieren*
- *Stellenanzeigen im Internet finden*
- *wissen, was eine Initiativbewerbung ist*
- *wissen, was das FSJ und das FÖJ sind*

1 Wie viele Betriebe in deinem Heimatort kennst du, die eine Ausbildung anbieten?

2 Die beiden Jugendlichen verfolgen unterschiedliche Strategien. Erläutere sie.

3 Welche Strategie findest du besser? Begründe!

„Ich habe schon 10 Betriebe herausgesucht, an die ich meine Bewerbung schicke."
„Ich warte immer noch auf die Antwort von meiner ersten Bewerbung. Vorher mache ich nicht weiter."

Stellenanzeigen lesen

Ausbildungsangebot zum

Dachdecker/-in

Dach-, Wand- und Abdichtungstechnik

Du hast einen guten Hauptschulabschluss und gute Umgangsformen? Du verfügst über ein gutes Auge, bist schwindelfrei und hast handwerkliches Geschick? Du arbeitest gerne im Team, bist ausdauernd und sorgfältig, lernbereit und kreativ?

Dann bist du der/die Auszubildende, die wir suchen. Du solltest gut in Mathematik sein und in der Nähe von Neustadt wohnen.

Melde dich mit deiner schriftlichen Bewerbung: Dachdecker Ziegel GmbH
Landauerstraße 3
54321 Neustadt

weitere Informationen auf www.dachdecker-ziegel.de oder unter Telefon: 01234 – 54321

1 Welche Informationen kannst du dieser Stellenanzeige entnehmen? Streiche die nicht zutreffenden Angaben durch:

Alter des Auszubildenden, Geschlecht des Auszubildenden, Fachrichtung, Berufsbezeichnung, Zugangsvoraussetzungen, Ort, Ausbildungsdauer, Zusatzqualifikationen, Adresse, Fähigkeiten, Art der Bewerbung, ob man auf Montage muss

2

a) Welche **körperlichen Voraussetzungen** muss die Bewerberin oder der Bewerber erfüllen?

____

b) Welche **schulischen Vorgaben** muss die Bewerberin oder der Bewerber erfüllen?

____

c) Welche **Fähigkeiten** muss die Bewerberin oder der Bewerber mitbringen?

____

d) Welche **sonstigen Wünsche** sind in der Anzeige zu lesen?

____

3 Aus den eingesendeten Bewerbungen wurden Steckbriefe mit den wichtigsten Informationen über die Bewerberinnen und Bewerber zusammengestellt. Der Betrieb wird genau eine Ausbildungsstelle vergeben.

a) Welchem der drei Bewerber/innen würdest du diese Ausbildung anbieten? Begründe deine Entscheidung.

Ich entscheide mich für ____________________, weil ____________________

____

Magda

- kommt aus der unmittelbaren Umgebung von Neustadt, 16 Jahre
- amtsärztliches Zeugnis ist ok – trägt eine starke Brille
- beschreibt sich als nicht besonders kreativ, aber lernfähig und geschickt
- Abschluss: gute Berufsreife (Hauptschulabschluss)
- spielt am Wochenende aktiv im Handballverein
- Lieblingsfächer sind Biologie, Mathe, Sport

Marco

- wohnt in Neustadt, 17 Jahre
- amtsärztliches Zeugnis ist ok
- gibt an, sich so schnell wie möglich selbständig machen zu wollen und will vorher eine Ausbildung machen, weil man ihm das geraten hat
- hat befriedigenden Realschulabschluss
- ist aktiver Modellflugzeugbauer
- Vater ist Schreinermeister
- hat beim Vorstellungsgespräch einen selbstbewussten Eindruck gemacht

Detlef

- wohnt ca. 30 km entfernt, 17 Jahre
- amtsärztliches Zeugnis ist ok
- hat sich bereits im Praktikum bei dieser Firma sehr gut bewährt
- schwacher Hauptschulabschluss
- schulischen Leistungen sind sehr schwach, wird Schwierigkeiten in der Berufsschule haben
- ist seit Jahren bei der Freiwilligen Feuerwehr
- ist junger Sanitäter und leitet selbst eine kleine Gruppe

b) Teile deine Entscheidung deiner Partnerin/deinem Partner mit. Hat sie/er ebenso entschieden? Einigt euch und bereitet eine Begründung für die Absagen vor.

Gründe Absage Bewerber/in 1: ______________________________

____

Gründe Absage Bewerber/in 2: ______________________________

____

c) Formuliere für jeden Bewerber einen Antwortbrief mit einer Zu- oder Absage, in dem du deine Entscheidung begründest und einen Ratschlag gibst.

Wenn du dich später bewirbst, wirst du keine Begründung bei einer Absage bekommen, denn das ist rechtlich nicht möglich.

Beim täglichen Blick in die Zeitung wirst du eine Menge Stellenanzeigen entdecken. Lies sie genau durch. Der Betrieb stellt sich meist kurz vor, bevor er seine Anforderungen an den Bewerber formuliert. Normalerweise kannst du den Stellenanzeigen entnehmen, welcher Abschluss vorausgesetzt wird und welche Fähigkeiten du mitbringen solltest. Einige Bedingungen muss die Bewerberin oder der Bewerber erfüllen.
Die **Muss-Bedingungen** erkennst du an Formulierungen wie „Sie besitzen …", „Wir erwarten …", „Sie verfügen über …", „Sie haben …" oder „Voraussetzung sind …". Andere Bedingungen sind keine Voraussetzung, sie können sich aber positiv auswirken. Solche **Kann-Bedingungen** erkennst du an Formulierungen wie „… sind von Vorteil", „Idealerweise verfügen Sie über …" oder „… sind wünschenswert". Lass dich jedoch nicht entmutigen, wenn du diese Bedingungen nicht mitbringst, schließlich kannst du dich immer verbessern.

4

a) Markiere im Text alle wesentlichen Informationen über die beiden Betriebe, die du in den Anzeigen findest.

METALLbau GmbH
Zum 01.08. suchen wir eine/n
Auszubildende/n für den Beruf

Metallbauer/in –
Fachrichtung Konstruktionstechnik

Idealerweise sind Sie handwerklich geschickt, bringen technisches Verständnis mit und sind körperlich fit.

Wenn Sie mindestens die Berufsreife und befriedige Leistungen in Mathematik und Physik vorweisen können, freuen wir uns über Ihre schriftliche Bewerbung.

METALL-Strassstadt
Schlossstraße 13
64789 Strassstadt Tel. 01234 – 132435

Email: info@metall-strassstadt.de

Die Gärtnerei Blümchen bietet eine
Ausbildung zur Floristin/zum Floristen
Mit Liebe zu Pflanzen und Kreativität sind Sie in unserem Team herzlich willkommen.
Sie sollten einen Hauptschulabschluss vorweisen.
Von Vorteil ist ein absolviertes Praktikum in unserem Berufsfeld.

Schriftliche Bewerbung an:
Gustel Blum • Sonnenstraße 2 • 23234 Föllenz
Weitere Informationen unter Telefon: 04567 – 9876521

b) Welche Muss-Bedingungen müssen die Bewerberinnen und Bewerber erfüllen?

METALLbau GmbH: ______________________

____

____

Gärtnerei: ______________________

____

c) Welche „Kann-Bedingungen" sind den Anzeigen zu entnehmen?

METALLbau GmbH: ______________________

Gärtnerei: ______________________

Ausbildungsplätze im Internet finden

Mittlerweile bietet auch das Internet eine Vielzahl von Möglichkeiten, um eine Ausbildungsstelle in deiner Region zu finden. Die Jobbörse der Bundesagentur für Arbeit hilft dir bei der Suche, ebenso die Suchmaschinen der Industrie- und Handelskammer oder der Handwerkskammer.

Online-Link
103620-0067
Jobbörse

In der „Jobbörse" der Agentur für Arbeit gehst du so vor:
Gib an,

1. dass du eine Ausbildung machen willst
2. in welchem Beruf du die Ausbildung machen willst
3. in welchem Ort du die Ausbildung machen willst

Bundesagentur für Arbeit
JOBBÖRSE

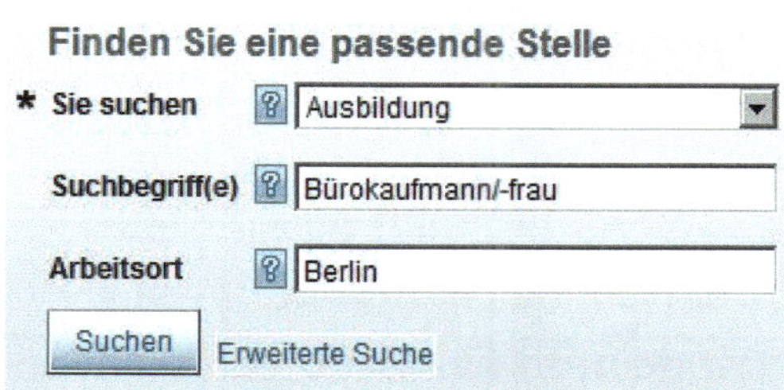

Anschließend werden dir eine Reihe von möglichen Ausbildungsbetrieben angezeigt. Durch einen Klick auf das Stellenangebot bekommst du ausführliche Informationen.

Stellenangebot

⊟ Überblick über das Stellenangebot

Arbeitgeber	Die Entsorger GmbH Branche: Sammlung nicht gefährlicher Abfälle, Betriebsgröße: zwischen 6 und 50
Stellenbeschreibung	Wir sind Ihr starker und kompetenter Partner, wenn es um Entsorgung geht! Wir garantieren unseren Kunden höchste Entsorgungssicherheit durch umweltgerechte und hochwertige Entsorgungswege und den Einsatz modernster Profi-Technik. Sie haben mindestens einen Hauptschulabschluss, sind motiviert und teamfähig. Deutsch in Wort und Schrift sind zwingende Voraussetzung. Gute Ortskenntnisse sind von Vorteil. Dann erwarten wir Ihre schriftliche Bewerbung!
Arbeitsorte	Ostseestraße 79-85, 12057 Berlin, Berlin, Deutschland
Beginn der Tätigkeit	Ausbildungsbeginn zum 01.09.2011

⊟ Konditionen des Stellenangebots

Arbeitszeit	Vollzeit, 40 Wochenstunden, Mo - Fr 07:30 - 16:00 Uhr

⊟ Anforderungen an den Bewerber

Schulbildung	Geforderter Bildungsabschluss: Qualifizierender / erweiterter Hauptschulabschluss, Bewerber muss mindestens diesen Bildungsabschluss besitzen. Deutschnote: 2 Mathematiknote: 2
Persönliche Stärken	Organisationsfähigkeit, Motivation/ Leistungsbereitschaft, Kundenorientierung, Zielstrebigkeit/Ergebnisorientierung, Zuverlässigkeit
Reise-/ Montagebereitschaft	Nicht erforderlich

⊞ Kontaktdaten

1 Vergleiche die Anzeigen der Unternehmen in der Zeitung mit denen in der „Jobbörse" der Arbeitsagentur. Welche Unterschiede kannst du feststellen?

Online-Link
103620-0068
IHK, ZDH,
Kursnet

Der Online-Link führt dich auf die Lehrstellenbörse der **Industrie- und Handelskammer**. Auf der Seite kannst du nach Ausbildungsplätzen für viele Berufe in deiner Region suchen.

Auch der **Zentralverband des deutschen Handwerks (ZDH)** bietet eine Lehrstellenbörse an. Wähle in der Karte die dir nächstgelegene Stadt aus und klicke sie an. Es öffnet sich die Lehrstellenbörse der zuständigen Handwerkskammer.

Wenn du auf der Suche nach Ausbildungsmöglichkeiten für einen vollzeitschulischen Ausbildungsberuf bist, hilft dir die Seite **KURSNET** der Bundesagentur für Arbeit. Hier kannst du nach Einrichtungen suchen, die in „deinem" Beruf ausbilden. Wenn du die Einrichtungen anklickst, bekommst du alle Informationen über den Anbieter der Ausbildung, die Ausbildungsform und die Kosten.

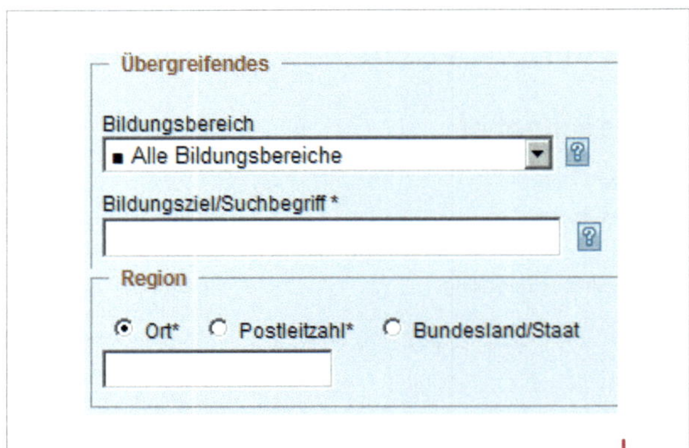

2 Bearbeite die Portfolioseite je nachdem, wie die Pläne für deine berufliche Zukunft aussehen.

- Wenn du auf der Suche nach einem **Ausbildungsplatz in einem Betrieb** bist, suche mindestens vier Ausschreibungen für mögliche Ausbildungsplätze in deinem Wunschberuf und zwei in deinem Alternativberuf. Trage die Informationen auf der Portfolioseite „Meine möglichen Ausbildungsbetriebe" ein.
- Wenn du auf der Suche nach einer **vollzeitschulischen Ausbildung** bist, suche über das Portal „KURSNET" so viele passende Einrichtungen wie möglich und trage sie auf der Portfolioseite „Einrichtungen für eine vollzeitschulische Ausbildung" ein.
- Wenn du nach deinem Abschluss weiter eine **Schule** (z. B. Berufsfachschule, Fachgymnasium …) besuchen willst, informiere dich, welche Schule das sein könnte und welche Unterlagen du für eine Anmeldung brauchst. Trage die Informationen auf der Seite „Weiterführende Schulen" ein.

Die Portfolioseite „Meine möglichen Ausbildungsbetriebe" kannst du im Modul 7 nutzen, wenn es um deine Bewerbung geht.

Meine möglichen Ausbildungsbetriebe

Mein Wunschberuf: ______________________________

Quelle der Ausschreibung:	Datum:
Name des Unternehmens:	
Ansprechpartner/in:	
Anforderungen: ______________________________	
Bewerbung versendet am:	Rückmeldung:
Notizen: ______________________________	

Quelle der Ausschreibung:	Datum:
Name des Unternehmens:	
Ansprechpartner/in:	
Anforderungen: ______________________________	
Bewerbung versendet am:	Rückmeldung:
Notizen: ______________________________	

Quelle der Ausschreibung:	Datum:
Name des Unternehmens:	
Ansprechpartner/in:	
Anforderungen: ______________________________	
Bewerbung versendet am:	Rückmeldung:
Notizen: ______________________________	

Quelle der Ausschreibung:	Datum:
Name des Unternehmens:	
✉	
📱	💻
Ansprechpartner/in:	
Anforderungen:	
Bewerbung versendet am:	Rückmeldung:
Notizen:	

Mein Alternativberuf: ______

Quelle der Ausschreibung:	Datum:
Name des Unternehmens:	
✉	
📱	💻
Ansprechpartner/in:	
Anforderungen:	
Bewerbung versendet am:	Rückmeldung:
Notizen:	

Quelle der Ausschreibung:	Datum:
Name des Unternehmens:	
✉	
📱	💻
Ansprechpartner/in:	
Anforderungen:	
Bewerbung versendet am:	Rückmeldung:
Notizen:	

Einrichtungen für eine vollzeitschulische Ausbildung

Name der Einrichtung:

Benötigte Unterlagen:

Kosten:

Anmeldung bis: | Erledigt:

Notizen:

Name der Einrichtung:

Benötigte Unterlagen:

Kosten:

Anmeldung bis: | Erledigt:

Notizen:

Name der Einrichtung:

Benötigte Unterlagen:

Kosten:

Anmeldung bis: | Erledigt:

Notizen:

Weiterführende Schulen

Name der Einrichtung:

Benötigte Unterlagen:

Kosten:

Anmeldung bis:

Erledigt:

Notizen:

Name der Einrichtung:

Benötigte Unterlagen:

Kosten:

Anmeldung bis:

Erledigt:

Notizen:

Name der Einrichtung:

Benötigte Unterlagen:

Kosten:

Anmeldung bis:

Erledigt:

Notizen:

Engagement gefragt!

Das Freiwillige soziale oder ökologische Jahr sind zwei Möglichkeiten, um dich persönlich und beruflich in den Bereichen Soziales, Kultur, Sport, Politik, Denkmalpflege oder Ökologie weiter zu orientieren. Es dauert mindestens 6 und maximal 18 Monate. Im freizilligen sozialen Jahr unterstützt du Ganztagsschulen, Kindergärten, Krankenhäuser, Alten- und Pflegeheime, Gedenkstätten, Sozialdienste, Kirchengemeinden, Theater oder Museen. Das Freiwillige ökologische Jahr schließt Arbeiten zum Natur- und Umweltschutz und der Landschaftspflege beispielsweise in Naturschutzgebieten, Nationalparks oder Umwelteinrichtungen ein. Du arbeitest ca. 39 Stunden in der Woche, bist krankenversichert und erhältst eine finanzielle Unterstützung. Sie ist abhängig von der Institution, die dich einstellt. Zusätzlich erhälst du während deiner Zeit im FSJ oder FÖJ Schulungen in Bereichen, die für deine Arbeit wichtig sind.

1 Hannes hat sich für ein Freiwilliges soziales Jahr (FSJ) in einem Pflegeheim entschieden.

2 Johanna macht ein Freiwilliges ökologisches Jahr (FÖJ) in einem Naturschutzgebiet.

1

a) Fasse die Informationen über das FSJ und das FÖJ aus dem Text in dieser Tabelle zusammen.

Dauer	
Einsatzfelder	
Einsatzstellen	
Wissenswertes	

b) Kommt ein FSJ oder ein FÖJ für dich in Frage?

Auf keinen Fall — Will ich unbedingt machen.

c) Recherchiert, welche Institutionen in eurer Nähe ein FSJ oder ein FÖJ anbieten.

Mit deiner Volljährigkeit kannst du auch eine Tätigkeit als „Au-pair", ein Auslandspraktikum oder einen Dienst bei der Bundeswehr machen.

Die Initiative ergreifen

„Was kann ich tun, wenn ich über Zeitungen und Internet keine Ausbildungsstelle finde?"

„Nicht alle Unternehmen schreiben ihre Stellen aus, denn Inserate sind teuer und keine Garantie für eine schnelle Besetzung einer Stelle. Eine gute Bewerbungsstrategie ist die Initiativbewerbung. Dabei schickst du unaufgefordert deine Bewerbungsunterlagen an einen von dir ausgewählten Betrieb oder ein Unternehmen."

„Welche Vorteile soll das haben?"

„Nun, überleg mal: Deine Bewerbung wird nicht so viele Konkurenten haben, denn nicht jeder kommt auf die gleiche Idee wie du. Außerdem zeigst du Engagement und Eigeninitiative."

„Was muss ich bei der Intitiativbewerbung denn beachten?"

„Bei der Formulierung der Bewerbung hast du mehr Möglichkeiten, denn es gibt ja keine Vorgaben was Anforderungen und Voraussetzungen angeht. Dennoch solltest du vorher gut recherchieren. Wichtig ist außerdem, an wen du die Bewerbung adressiert."

„Also gut. Wie gehe ich vor?"

„Als erstes solltest du nachforschen, welche Betriebe in deiner Region deinen Wunschberuf überhaupt anbieten. Du weißt doch schon, welcher Beruf für dich in Frage kommt, oder?"

„Natürlich, die Unterlagen zu meinem Wunschberuf habe ich in meinem **starke**Seiten-Ordner gesammelt."

„Gut. Der nächste Schritt ist ein Vorabgespräch am Telefon. Du solltest nachfragen, ob sich eine Bewerbung lohnt, also die grundsätzliche Bereitschaft besteht, dich auszubilden."

„Wie macht man das denn?"

„Bereite dich auf dieses Telefonat gut vor. Schreibe dir stichpunktartig auf, was du sagen willst, nenne deinen Namen, deine Absicht, sei freundlich und fasse dich kurz. Frage, an wen du die Bewerbung schicken darfst."

„Das kriege ich hin. Und an was muss ich bei der schriftlichen Bewerbung denken?"

„Hier gilt das Gleiche wie für alle Bewerbungen: Du brauchst ein Anschreiben, den Lebenslauf, das Foto und die Anlagen."

„Also gut, da gibt es ja noch etwas Arbeit für mich. Schließlich sollte ich über das Unternehmen einiges wissen. Danke für die Hilfe."

„Da hast du Recht. Ich habe dir gern geholfen und wünsche dir viel Erfolg."

1 Lest das Interview in verteilten Rollen.

2 Unterstreicht im Text, welche Vorteile eine Initiativbewerbung hat.

3 Welchen Betrieben deiner Region kannst du eine Initiativbewerbung zusenden? Sammle alle wichtigen Angaben auf der Portfolioseite „Meine Initiativbewerbungen".

4 Bearbeite die Selbsteinschätzung auf Seite 13.

Meine Initiativbewerbungen

Mein Wunschberuf: ______________________________

Meine Stärken und Fähigkeiten: ______________________________

____

____

Name des Unternehmens:	
Ansprechpartner/in: E-Mail:	
Deshalb passe ich gut zu diesem Unternehmen:	
Bewerbung versendet am:	Rückmeldung:
Notizen:	

Name des Unternehmens:	
Ansprechpartner/in: E-Mail:	
Deshalb passe ich gut zu diesem Unternehmen:	
Bewerbung versendet am:	Rückmeldung:
Notizen:	

Name des Unternehmens:

Ansprechpartner/in:

E-Mail:

Deshalb passe ich gut zu diesem Unternehmen:

Bewerbung versendet am:	Rückmeldung:

Notizen:

Name des Unternehmens:

Ansprechpartner/in:

E-Mail:

Deshalb passe ich gut zu diesem Unternehmen:

Bewerbung versendet am:	Rückmeldung:

Notizen:

7 Betriebe finden

Ich werde …

- *ein Bewerbungsschreiben verfassen*
- *einen Lebenslauf schreiben*
- *ein Vorstellungsgespräch üben*
- *wissen, was ein Assessment-Center ist*
- *mich auf Einstellungstests vorbereiten*

1 Welche Aufgabe kommt auf Herrn Schulze zu?

2 Was könnte auf den Ablagekörben stehen?

3 Wie sollte eine Bewerbung aussehen, die in den „richtigen" Ablagekorb kommt?

Die Bewerbungsmappe

Mit deiner Bewerbungsmappe stellst du dich dem Betrieb vor. Du musst deutlich machen, warum du dich für den Beruf interessierst, warum du gerade dort die Ausbildung machen möchtest. Dein Anschreiben liegt lose obenauf. Die Mappe selbst beginnt mit einem Deckblatt. Darauf folgt dein Lebenslauf. Die Anlagen bestehen aus Kopien deiner Zeugnisse der letzten eineinhalb Jahre, Kopien von Bescheinigungen oder Zertifikaten über durchgeführte Praktika. Also allem, was dem Betrieb noch hilft, dich besser einzuschätzen.

> Verschicke nie die Originale, sondern immer nur Kopien von Zeugnissen und Bescheinigungen!

1 Unterstreiche die Inhalte der Bewerbungsmappe im Text und schreibe sie in der richtigen Reihenfolge auf.

1.	
2.	
3.	
4.	

2 Die Unterlagen dürfen nicht zerknittern und sollten beim Empfänger sauber ankommen. Deshalb musst du bei der Wahl der Bewerbungsmappe sehr sorgsam vorgehen. Suche dir zwei Mappen aus, die für dich in Frage kämen. Kreuze sie an und begründe, warum du die Mappen gut findest.

○

○

○

○

○

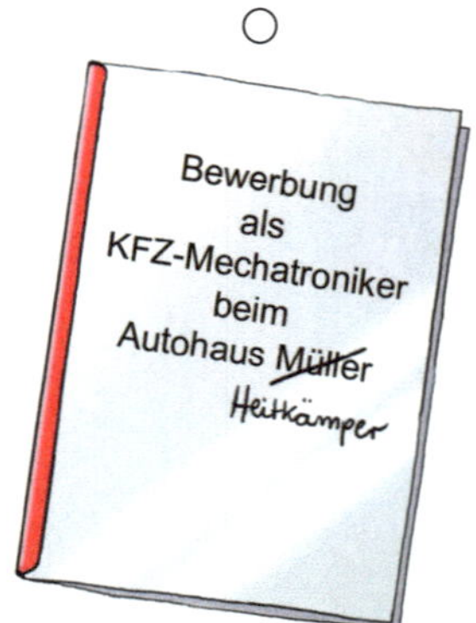

○

Das Anschreiben

Dein Anschreiben muss den Leser so neugierig auf dich machen, dass er unbedingt mehr über dich erfahren und deine Bewerbungsmappe näher ansehen möchte.
Folgende Fragen müssen im Anschreiben beantwortet werden:

- Wie alt bist du und wann verlässt du welche Schule mit welchem Abschluss?
- Warum hast du dich für diese Ausbildung entschieden?
- Welche Erfahrungen hast du bereits gemacht, die zu den Anforderungen der Stelle passen?
- Warum bewirbst du dich gerade bei diesem Unternehmen?

Wichtig ist, dass du die Aussagen, die du in der Bewerbung machst, auch beweisen kannst. Es reicht nicht aus, nur zu behaupten, dass du teamfähig bist. Gib ein Beispiel, wo du Teamfähigkeit gezeigt hast. Der Seitenaufbau bei einer Bewerbung um einen Ausbildungsplatz ist der gleiche wie bei einer Praktikumsbewerbung.

linker Rand 25 mm | Seitenrand oben: 17 mm

Fabian Eisner
Löffelstr. 1
12345 Essen
Tel.: 01234-8765432
E-Mail: fabian.eisner@email.de
— Name und Anschrift des Absenders

rechter Rand: 20 mm

Jeder Punkt • steht für eine Leerzeile.

•
•

Hotel Schöneck
Herr Holger Brandstätter
Ruhestr. 12
12345 Essen
— Name und Anschrift des Unternehmens, Name des Ansprechpartners

•
•
•
•

Essen, 4. Mai 2011 — Ort und Datum

•
•

Bewerbung um einen Ausbildungsplatz als Hotelfachmann
Ihre Anzeige im Essener Tagblatt vom 2. Mai — Betreff

•
•

Sehr geehrter Herr Brandstätter, — Persönliche Anrede

•

es ist schon lange mein Wunsch … — Bewerbungstext (Einleitung, Information, Schlussteil)

•
•

Mit freundlichen Grüßen — Gruß und Unterschrift

•
Fabian Eisner — Drei Leerzeilen als Platzhalter für deine Unterschrift
•

Fabian Eisner

Anlagen — Hinweis auf Anlagen (z. B. Zeugnisse, Zertifikate)

1 Das Hotel Schöneck sucht per Zeitungsanzeige eine Auszubildende oder einen Auszubildenden. Fabian möchte Hotelfachmann werden und verfasst den Text für sein Anschreiben.

a) Lies dir die Bewerbung durch und untersuche, ob Fabian alle Fragen von der vorigen Seite beantwortet hat. Unterstreiche den Text in der entsprechenden Farbe.

Wir suchen für das kommende Jahr eine/n **Auszubildende/n als Hotelfachfrau/-fachmann.** Wenn Sie bereits erste Erfahrungen im Hotelgewerbe gemacht haben und gerne mit Menschen und im Team arbeiten, richten Sie Ihre Bewerbung an:
Hotel Schöneck – Holger Brandstätter
Ruhestr. 12 – 12345 Essen

Bewerbung um einen Ausbildungsplatz als Hotelfachmann
Ihre Anzeige im Essener Tagblatt vom 2. Mai

Sehr geehrter Herr Brandstätter,

es ist schon lange mein Wunsch, eine Ausbildung als Hotelfachmann zu machen. Ihre Anzeige hat mich sofort angesprochen und ich würde gerne in Ihrem Betrieb als Auszubildender beginnen.

Ich bin 15 Jahre alt und werde im Sommer meinen Hauptschulabschluss an der Geschwister-Scholl-Gesamtschule machen. Bei zwei 14tägigen Praktika in unterschiedlichen Hotels habe ich bereits erste Erfahrungen im Hotelgewerbe machen können. Ich war sowohl an der Rezeption als auch im Zimmerservice tätig und habe festgestellt, dass mir die Arbeit sehr liegt. Besonders die Arbeit mit den verschiedenen Menschen hat mir viel Spaß gemacht. Meine freundliche und aufgeschlossene Art hat mir geholfen, allen Gästen den Aufenthalt im Hotel so angenehm wie möglich zu gestalten. Ich arbeite gerne im Team, was ich auch in der Streitschlichtergruppe an unserer Schule beweisen konnte.

Das Hotel Schöneck ist bekannt für seine hervorragende Ausbildung und sein gutes Team. Ich wäre stolz, wenn ich in Ihrem Team mit arbeiten könnte und Sie mich ausbilden würden.

Für ein persönliches Gespräch stehe ich gerne zur Verfügung.

Mit freundlichen Grüßen

Fabian Eisner

Fabian Eisner

Anlagen

b) Entscheidet, ob ihr Fabian zu einem Vorstellungsgespräch einladen würdet. Nennt mindestens drei Gründe.

Wir würden Fabian ○ einladen, weil … ○ nicht einladen, weil …

1. ______________________________

2. ______________________________

3. ______________________________

2 Auch Melanie hat die Anzeige gelesen und schreibt einen Bewerbungstext.

Bewerbung

Sehr geehrte Damen und Herren,
hiermit bewerbe ich mich bei ihnen um den Ausbildungsplatz als Hotellfrau.

Zur Zeit besuche ich die neunte Klasse der Meier-Gesamtschule. Ich kann gut mit Menschen umgehen und arbeite viel mit dem PC. Ich surfe häufig im Internett und schreibe viele E-Mails.

In meiner Freizeit treffe ich mich mit meinen Freunden und gehe oft in die Disko. Ich habe schon ein Praktikum in einer Gaststätte gemacht.

Rufen Sie mich bitte an, damit wir einen Termin für ein Vorstellungsgespräch vereinbaren können.

Liebe Grüße

Melanie Müller

Melanie Müller

a) Lies dir die Bewerbung durch und untersuche, ob Melanie alle Fragen von Seite 79 beantwortet hat. Unterstreiche auch hier den Text in der entsprechenden Farbe.

b) Notiere, was dir sonst noch an der Bewerbung auffällt.

____

____

____

c) Hätte Melanie eine Chance, von euch zu einem Vorstellungsgespräch eingeladen zu werden? Nennt mindestens drei Gründe.

Ich würde Melanie ○ einladen, weil … ○ nicht einladen, weil …

1. ______________________________

2. ______________________________

3. ______________________________

d) Vergleicht die Anschreiben von Melanie und Fabian. Gebt Melanie mindestens vier Tipps, was sie verbessern sollte.

1. ______________________________

2. ______________________________

3. ______________________________

4. ______________________________

Personalchefin Sabine Henschel berichtet
Manchmal muss ich schon mit dem Kopf schütteln, wenn ich Bewerbungen auf den Tisch bekomme. Flecken und Knicke in den Blättern sind nicht selten. Formatierungsfehler wie verschiedene Schriftarten, Schriftgrößen und -farben oder Rechtschreibfehler wirken auf mich abschreckend. Manche Kandidaten sparen scheinbar am Papier und schicken keine Zeugniskopien oder Lebensläufe mit, andere schicken mir ganze Ordner mit Belegen. Das kann ich doch unmöglich alles lesen! Wer nicht in der Lage ist, ein inhaltlich und formal richtiges Anschreiben zu verfassen, hat bei uns keine großen Chancen auf einen Ausbildungsplatz.

1

a) Welche Fehler erkennt Frau Henschel in den Bewerbungen? Unterstreiche die Textstellen.

b) Warum wirken die Fehler abschreckend auf Frau Henschel? Überlegt, was der jeweilige Fehler über die Bewerberin oder den Bewerber aussagt.

Online-Link
103620-0082
Textbausteine
Vorlagen

2

a) Schreibe auf der Portfolioseite den Text für deine eigene Bewerbung. Die Textbausteine helfen dir.
b) Erstelle nun ein vollständiges Bewerbungsschreiben mit dem Computer und speichere es im Ordner "Bewerbungen" ab.
c) Überprüfe dein Bewerbungsschreiben mit der Checkliste auf der Portfolio-Rückseite.

Textbausteine
Ein Anschreiben besteht aus verschiedenen Abschnitten. Für jeden gibt es Formulierungen, die du verwenden kannst.

Anrede
- Sehr geehrte Frau …, Sehr geehrter Herr …,

Einleitung
- ich habe Ihre Stellenanzeige in der (Zeitung) vom (Datum) gelesen …
- vielen Dank für das freundliche Telefonat heute Vormittag. Wie besprochen sende ich Ihnen anbei meine Bewerbungsunterlagen für einen Ausbildungsplatz als …
- mit großem Interesse habe ich Ihre Anzeige in der (Name der Zeitung) gelesen und bewerbe mich um einen Ausbildungsplatz als …

Information
- In diesem Teil werden die Fragen von Seite 79 beantwortet.

Schlussteil
- Ich freue mich auf eine Einladung zu einem persönlichen Gespräch.
- Gerne würde ich mich persönlich vorstellen und stehe jederzeit für ein Gespräch zur Verfügung.
- Ich freue mich, wenn Ihnen meine Bewerbungsunterlagen zusagen. Gerne stelle ich mich Ihnen auch persönlich vor.

Verabschiedung
- Mit freundlichen Grüßen

Versuche, den Namen des richtigen Ansprechpartners im Betrieb herauszufinden. Nur wenn das nicht möglich ist, schreibe „Sehr geehrte Damen und Herren“.

Über den Online-Link erreichst du weitere Textbausteine.

Mein Anschreiben

Checkliste für das Anschreiben

Wenn du alle diese Fragen mit „ja“ beantworten kannst, hast du die wichtigsten Regeln befolgt.

	ja
Allgemeine Fragen:	
• Ist das Datum aktuell und steht oben rechts in der ersten Zeile?	○
• Sind meine persönlichen Kontaktdaten (Name, Adresse, Telefonnummer und E-Mail-Adresse) aktuell und richtig geschrieben? Hinweis zur Email-Adresse: Achte darauf, dass du eine seriöse Email-Adresse angibst. Adressen wie susimaus@email.de kommen nicht so gut an.	○
• Sind der Name und die Adresse des Ansprechpartners korrekt geschrieben?	○
• Ist die Betreffzeile richtig formatiert (Fettdruck)?	○
• Enthält die Betreffzeile die Berufsbezeichnung und den Fundort des Stellenangebots?	○
• Ist der Name der Ansprechpartnerin/des Ansprechpartners in der Anrede richtig geschrieben?	○
• Steht nach der Anrede ein Komma und beginnt der erste Satz mit einem Kleinbuchstaben?	○
• Ist das Anschreiben unterschrieben?	○
• Gibt es einen Verweis auf die Anlagen?	○
Fragen zum Inhalt:	
Steht in meinem Anschreiben:	
• wie alt ich bin und wann ich welche Schule mit welchem Abschluss verlasse?	○
• warum ich mich für diese Ausbildungsstelle entschieden habe?	○
• welche Erfahrungen ich bereits gemacht habe, die zu den Anforderungen der Ausbildung passen?	○
• warum ich mich gerade bei diesem Unternehmen bewerbe?	○
Fragen zur Form:	
• Ist das Anschreiben nicht länger als eine Seite?	○
• Sind die Vorgaben für den Seitenaufbau eingehalten (Seitenränder links mindestens 24,1 mm, rechts mindestens 8,1 mm, Anzahl der Leerzeilen)?	○
• Ist die Schrift einheitlich formatiert (Schrifttyp: Arial – Schriftgröße: 11 Punkt oder Times New Roman – Schriftgröße: 12 Punkt). Achte besonders darauf, dass die Email-Adresse genauso formatiert ist wie der übrige Text.	○

Das Deckblatt

Damit deine Mappe aus den vielen anderen Bewerbermappen hervorsticht, musst du dir über ihre Gestaltung Gedanken machen. In großen Firmen oder Betrieben erhalten die Personalabteilungen oft über hundert Bewerbungen, die alle ähnlich aussehen. Deine Mappe muss positiv auffallen, sie muss die Neugierde wecken, damit deine Mappe genauer angesehen wird. Das Deckblatt ist eine gute Möglichkeit, dich abzuheben.

○ gut ○ schlecht	○ gut ○ schlecht	○ gut ○ schlecht	○ gut ○ schlecht
____________	____________	____________	____________
____________	____________	____________	____________
____________	____________	____________	____________

1 Das Foto auf dem Deckblatt sollte dich von deiner „besten Seite“ zeigen. Welche Fotos eignen sich für das Deckblatt, welche nicht? Begründe deine Einschätzung stichwortartig.

2 Für die Gestaltung des Deckblatts gibt es viele Möglichkeiten. Es sollte neben dem Foto auf jeden Fall eine Überschrift (z. B. „Bewerbung“), den Ausbildungsberuf, deinen Namen und deine Adresse enthalten.

a) Welches Deckblatt spricht dich am meisten an? Begründe deine Einschätzung.

____

____

____

3

a) Entwirf ein eigenes Deckblatt am Computer. Nutze die Vorlage, die du über den Online-Link erreichst.

b) Stellt eure Deckblätter in der Klasse aus und macht einen „Museumsrundgang“.

Online-Link
103620-0085
Vorlagen

Der Lebenslauf

Aus dem Lebenslauf gehen die wichtigsten Daten aus deinem Leben hervor. Er besteht aus einer einseitigen Tabelle mit mehreren Abschnitten.

Zur Person:

Name:	Fabian Eisner
geboren am:	12.10.1996
Geburtsort:	Essen
Anschrift:	Löffelstr. 1 12345 Essen
Telefon:	01234-8765432
E-Mail:	fabian.eisner@email.de
Staatsangehörigkeit:	deutsch
Eltern:	Heiner Eisner, Koch Ilse Eisner, Lagerarbeiterin
Geschwister:	Karina, 19 Jahre, Kindergärtnerin

Hier stehen alle Angaben zu deiner Person. Angaben zu deiner Familie (Name und Beruf der Mutter, des Vaters und der Geschwister) und zur Staatsangehörigkeit sind freiwillig. Auch die Religionszugehörigkeit musst du nur bei ausdrücklichem Wunsch des Unternehmens angeben.

Schulbildung

Schulabschluss:	Hauptschulabschluss im Sommer 2011
Grundschule:	2002 – 2006 Grundschule Sonnental, Essen
Gesamtschule:	2006 – 2011 Geschwister-Scholl-Gesamtschule Essen
Lieblingsfächer:	Sport, Wirtschaftslehre, Englisch
Schulische Aktivitäten:	Streitschlichter, Ersthelfer

Hierhin gehören alle Angaben zum Schulabschluss, die besuchten Schulen (mit Zeiträumen), Lieblingsfächer und eine Aufzählung schulischer Aktivitäten wie AGs, Nachhilfe usw.

Interessen und Kenntnisse

Kenntnisse:	Englisch, EDV-Kenntnisse in Word und Excel
Praktika:	2008 Praktikum als Fliesenleger bei Fliesen-Fix, Essen 2009 Praktikum Hotel „Sonnenhain“, Essen 2010 Praktikum Gasthof „Zum Schwan“, Essen
Hobbys:	Fußball, kochen
sonstige Aktivitäten:	Jugendfeuerwehr, Jugendhelfer im Fußballverein

Zähle hier Kenntnisse und Fähigkeiten auf, die für die Ausbildung wichtig sind.

Durch Praktika beweist du praktische Erfahrungen und Interesse am Ausbildungsberuf.

Hobbys und Aktivitäten sagen viel über deine Persönlichkeit aus. Wenn du dich ehrenamtlich engagierst, zeigt dies, dass du Verantwortung übernimmst. Gefährliche Hobbys verschweigst du besser.

4. Mai 2011

Fabian Eisner

Unterschreibe deinen Lebenslauf handschriftlich und achte darauf, dass das Datum mit dem auf dem Anschreiben übereinstimmt!

Online-Link
103620-0086
Vorlagen

1

a) Schreibe mit Hilfe der Portfolioseite einen eigenen Lebenslauf.

b) Erstelle einen Lebenslauf mit dem Computer und speichere ihn im Ordner „Bewerbungen" ab.

c) Überprüfe deinen Lebenslauf mit der Checkliste auf der Portfolio-Rückseite.

Mein Lebenslauf

Wenn du dein Foto bereits auf das Deckblatt klebst, dann kommt auf den Lebenslauf keins.

Zur Person

Name: ______________________

geboren am: ______________________

Geburtsort: ______________________

Anschrift: ______________________

____

Telefon: ______________________

E-Mail: ______________________

Staatsangehörigkeit: ______________________

Religionszugehörigkeit: ______________________

Eltern: ______________________

____

Geschwister: ______________________

Schulbildung

Schulabschluss: ______________________

Grundschule: ______________________

weiterführende Schule: ______________________

____

Lieblingsfächer: ______________________

Schulische Aktivitäten: ______________________

Interessen und Kenntnisse

Kenntnisse: ______________________

____

Praktika: ______________________

____

Hobbys: ______________________

____

sonstige Aktivitäten: ______________________

______________________ (Datum)

______________________ (Unterschrift)

Checkliste für den Lebenslauf

Wenn du alle diese Fragen mit „ja" beantworten kannst, hast du die wichtigsten Regeln befolgt.

Bei den freiwilligen Angaben entscheidest du selbst, ob du diese Informationen geben willst.

Hast du alle Angaben zu deiner Person aufgeführt und richtig geschrieben?			
Pflichtangaben:	**ja**	**freiwillige Angaben:**	**ja**
• Name	○	• Staatsangehörigkeit	○
• Geburtsdatum	○	• Angaben zur Familie	○
• Geburtsort	○	• Religionszugehörigkeit	○
• Anschrift	○		
• Telefon	○		
• E-Mail	○		

Hast du alle Angaben zu deiner Schulbildung aufgeführt und richtig geschrieben?	ja
• Schulabschluss	○
• besuchte Schulen (mit Zeiträumen)	○
• Lieblingsfächer	○
• schulische Aktivitäten	○

Hast du alle Angaben zu deinen Interessen und Kenntnissen aufgeführt und richtig geschrieben?	ja
• Kenntnisse, die zum Ausbildungsplatz passen	○
• Praktika	○
• Hobbys	○
• Sonstige Aktivitäten	○

Ist dein Lebenslauf unterschrieben?	○
Hat dein Lebenslauf das gleiche Datum wie das Anschreiben?	○

Die Online-Bewerbung

Benenne die einzelnen Unterlagen so, dass das Unternehmen erkennen kann, um was es sich handelt. Fabian nennt sein Zeugnis beispielsweise Abschlusszeugnis_Fabian_Eisner.pdf

Manche große Firmen möchten, dass du dich online bewirbst. Hier gibt es verschiedene Möglichkeiten. In jedem Fall musst du genau so sorgfältig sein, wie bei einer Bewerbung in Papierform. Du benötigst die gleichen Unterlagen wie bei einer Bewerbung per Post (Foto, Zeugnisse, Bescheinigungen usw.). Scanne deshalb alle Unterlagen vorher ein, damit du sie verschicken oder hochladen kannst. Speichere sie im Ordner „Bewerbung" auf deinem Computer ab.

1. Bewerbung über ein Online-Formular
Das Unternehmen stellt Formulare ins Internet, die du ausfüllen musst. Du wirst ähnliche Angaben machen müssen wie in einer Bewerbung, die du per Post schickst. Normalerweise musst du dich bei dem Bewerbungsportal anmelden, bevor du einen Zugang zum Online-Formular bekommst.

2. Bewerbung per Email
Eine Bewerbung per Email funktioniert fast wie eine Bewerbung per Post. Das Anschreiben kannst du als Email-Text schicken oder an die Mail anhängen. Überlege dir vorher,
- ob du alle Anhänge einzeln schicken möchtest (achte auf die Benennung der Dateien!) oder
- ob du alle Unterlagen als eine Datei schicken möchtest.

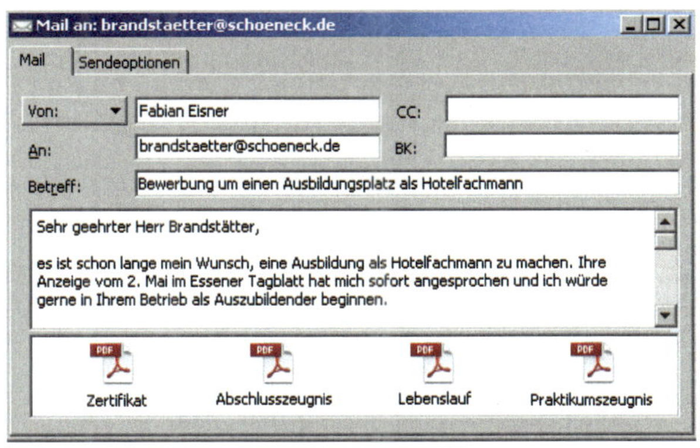

1 Erstelle eine Email-Bewerbung für eine Stelle, die dich interessiert.

a) Stelle alle Unterlagen zusammen.

b) Verschickt euch gegenseitig eure Unterlagen per Email.

c) Gebt euch gegenseitig eine Rückmeldung zu euren Bewerbungen.

Das Vorstellungsgespräch

Ein Vorstellungsgespräch hat oft einen festgelegten Ablauf:
- Begrüßung und Vorstellung
- Vorstellen des Betriebs und der Ausbildung
- Fragen an die Bewerberin/den Bewerber
- Fragen der Bewerberin/des Bewerbers
- Verabschiedung

Wenn du eingeladen wirst:
- Bestätige sofort, dass du die Einladung erhalten hast und dass du den Termin wahrnimmst.

Vor dem Vorstellungsgespräch:
- Stelle sicher, dass du pünktlich bist. Wenn etwas dazwischen kommt und du nicht pünktlich sein kannst, ruf an und sage Bescheid.
- Beschaffe dir möglichst viele Informationen über das Unternehmen und die Branche.
- Lies dir deine Bewerbungsunterlagen noch einmal durch.
- Nimm einen Notizblock und einen Stift mit.

1

a) In einem Vorstellungsgespräch gibt es typische Fragen, auf die du vorbereitet sein solltest. Beantworte die Fragen auf der nächsten Portfolioseite.

b) Stellt euch nun gegenseitig die Fragen der Portfolioseite. Gebt euch Tipps für die Beantwortung. Antwortet immer in ganzen Sätzen und verdeutlicht mit Beispielen.

2 Im Gespräch erhältst du die Möglichkeit, selbst Fragen zu stellen. Überlege dir vorher, was du noch wissen möchtest. Lies dir die Vorschläge durch und schreibe mindestens drei weitere Fragen auf.

Fragen nach dem Geld solltest du vermeiden.

- *Wie viele Auszubildende werden in diesem Jahr eingestellt?*
- *Wie sieht mein Arbeitsplatz aus?*
- *In welchen Abteilungen werde ich arbeiten?*
- *Mit wem werde ich zusammen arbeiten?*
- *Wann und wo findet der Berufsschulunterricht statt?*
- *Wie viele Auszubildende werden später übernommen?*

Eigene Fragen:

1. ______________________

____

2. ______________________

____

3. ______________________

____

Meine Antworten im Vorstellungsgespräch

Mit dieser Frage ...	möchte der Betrieb herausfinden ...
1. Schildern Sie mir doch kurz, was Sie bisher gemacht haben. Erzählen Sie uns etwas über sich!	... ob du deinen Lebenslauf verständlich und interessant darstellen kannst.
2. Warum haben Sie sich bei uns beworben?	... ob du dich gut über den Betrieb informiert oder nur irgendeinen Ausbildungsplatz gesucht hast.
3. Warum haben Sie sich für diesen Ausbildungsberuf entschieden?	... ob du dich gut über die Ausbildung informiert hast und wirklich motiviert bist.
4. Wo liegen Ihre Stärken?	... ob du dich gut einschätzen kannst und ob deine Stärken zum Beruf passen.
5. Welche Schwächen haben Sie?	... wie ehrlich du bist und wie du auf unangenehme Fragen reagierst.

Mit diese Frage...	**möchte der Betrieb herausfinden ...**
6. Wieso sollten wir gerade Ihnen den Ausbildungsplatz geben?	... wie du dich deiner Meinung nach von anderen Bewerbern unterscheidest.
7. Was machen Sie in Ihrer Freizeit? Welche Hobbys haben Sie?	... ob deine Freizeitaktivitäten zum Beruf passen und ob du einen Ausgleich hast.
8. Welche Fächer sind Ihre Lieblingsfächer?	... ob du Interesse für die Fächer zeigst, die für den Beruf wichtig sind.
9. Was machen Sie, wenn Sie diesen Ausbildungsplatz nicht bekommen?	... wie du mit Rückschlägen umgehst und ob du eine Alternative hast.
10. Wie sehen Sie Ihre berufliche Zukunft?	... ob du längerfristig Interesse an diesem Beruf und dem Betrieb hast.

Kleider machen Leute

1 Die richtige Kleidung ist wichtig im Vorstellungsgespräch. Maja und Tom haben sich für ihr erstes Vorstellungsgespräch angezogen.

a) Markiere, was sie lieber vermeiden sollten.

b) Vergleiche deine Markierungen mit einer Partnerin/einem Partner.

c) Was ist nun richtig? Schreibe fünf Kleidungsregeln auf. Für ein Vorstellungsgespräch ist wichtig, dass …

… die Kleidung ______________________________

… die Mütze/Kappe ______________________________

… die Hände ______________________________

… die Schuhe ______________________________

… die Haare ______________________________

2 Je nach Beruf gibt es unterschiedliche „Kleiderordnungen“. Welche Kleidung empfiehlst du für ein Vorstellungsgespräch in welchen Beruf? Schreibe die Buchstaben zu den Berufen.

Kauffrau/Kaufmann-Bürokommunikation				Altenpfleger/in		Gärtner/in	
Friseur/in		Bäcker/in		Bankkauffrau/mann		Koch/Köchin	
Hotelfachkraft		Elektroniker/in		Kauffrau/Kaufmann-Einzelhandel			

A

B

C

D

3 Bringt in einer der nächsten Stunden die Kleidung mit, die ihr in eurem nächsten Vorstellungsgespräch anziehen wollt. Gebt euch gegenseitig eine Rückmeldung.

Körperhaltung

Nicht nur die richtige Kleidung ist wichtig, auch deine Körperhaltung sagt viel über dich aus. Bereits bei der Begrüßung, beim Betreten des Zimmers, beim Vorstellen und bei der Sitzhaltung kann so manches schief gehen.

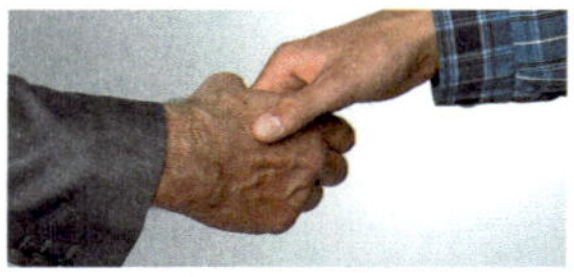

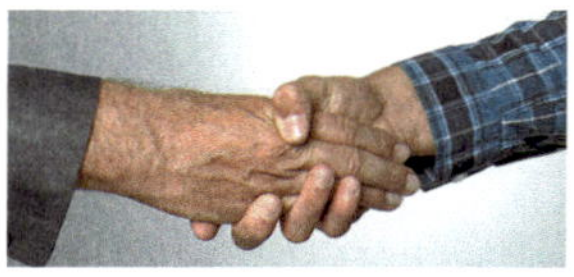

1

a) Wie wirken die Bilder auf euch? Ordnet die Begriffe den Bildern zu.

b) Wie sollte eine gute Sitzhaltung sein? Probiert es aus und gebt euch gegenseitig Tipps.

abwehrend – ängstlich – antriebslos – beherrschend – freundlich – gelangweilt – ratlos – überheblich – unsicher

2 Stellt euch vor, ihr seid zu einem Vorstellungsgespräch eingeladen. Spielt die Situation durch. Eine/r ist die Personalchefin/ der Personalchef, eine/r die Bewerberin/ der Bewerber. Die anderen beurteilen das Gespräch.

Achtet darauf: Hat die Bewerberin/ der Bewerber
- … angeklopft, auf ein „Herein" gewartet und gegrüßt?
- … sich vorgestellt und sein Anliegen genannt?
- … gewartet, ob die Hand angeboten wurde?
- … gewartet bis ein Stuhl angeboten wurde?
- … Blickkontakt gehalten?
- … die richtige Sitzhaltung eingenommen?
- … sich für das Gespräch bedankt?
- … sich verabschiedet?

Assessment-Center

1 Auch eine Präsentation oder Rede zu einem bestimmten Thema kann Aufgabe in einem Assessment-Center sein.

Das Wort „to assess“ kommt aus dem Englischen und bedeutet: einschätzen, bewerten, beurteilen. Größere Firmen laden oft ihre Bewerber/innen zu einem Assessment-Center ein. Es haben sich so viele auf die Ausbildungsplätze beworben, dass die Personalentscheider die Bewerberinnen und Bewerber gemeinsam einladen und im Assessment Center bei der Erledigung von Aufgaben beobachten. Es können verschiedene Aufgaben vorkommen:

- Bei einer Postkorb-Übung sollen in kurzer Zeit verschiedene Unterlagen (Briefe, Emails, Telefonanrufe) nach ihrer Wichtigkeit sortiert werden.
- Beim Rollenspiel wird der Gruppe ein Thema genannt. Gemeinsam sollen sie die Rollen verteilen und das Rollenspiel vorführen.
- Beim Konfliktgespräch sind zwei Personen beteiligt, die eine Lösung suchen sollen, die beide Seiten zufrieden stellt.
- Eine Gruppendiskussion verläuft ähnlich, nur sind hier mehrere Personen beteiligt.
- Bei einer Konstruktionsaufgabe soll etwas konstruiert oder gebaut werden. Das kann eine Einzelarbeit sein oder eine Gruppenaufgabe.

1 Bildet Gruppen. Jede Gruppe übernimmt eine typische Assessment-Center-Aufgabe. Achtung: die Konstruktionsaufgabe muss von zwei Gruppen gelöst werden! Ihr habt 15 Minuten Zeit für die Vorbereitung. Danach werden die Aufgaben nacheinander durchgeführt. Die anderen Gruppen beobachten die Durchführung und geben eine faire Rückmeldung.

A: Rollenspiel für 6 Personen: Führt eine Talkshow zum Thema „Rauchen“ durch. Die Rollen sind: Moderator/in, starke/r Raucher/in, überzeugte/r Nichtraucher/in, an Krebs erkrankter Ex-Raucher/in, Kneipenwirt/in, Zigarettenhersteller/in

B: Konfliktgespräch (für 2 Personen): Bei einem Lehrling ist wiederholt eine teure Maschine kaputt gegangen. Bei anderen Lehrlingen kommt dies nicht so häufig vor. Nun muss ein ernsthaftes Gespräch mit dem Auszubildenden geführt werden. Rollen: Ausbilder/in, Auszubildende/r

C: Gruppendiskussion: Führt eine Diskussion zum Thema „Tempo 100 auf Autobahnen?“

D: Konstruktionsaufgabe (für 2 Gruppen): Jede Gruppe hat 10 Minuten, um einen Turm zu bauen, der selbständig steht. Jede Gruppen bekommt nach der Vorbereitungszeit 10 DIN A 4 Blätter, Scheren und Klebstoff. Gewonnen hat die Gruppe, die den höchsten Turm gebaut hat.

Einstellungstests

Manche Firmen und Betriebe laden die Auszubildenden zu einem Einstellungstest ein. Bei diesen Tests werden das Allgemeinwissen, Kenntnisse in Deutsch, Englisch und Mathematik, die Konzentration, logisches Denken und räumliche Vorstellung geprüft. Du kannst dich auf solche Tests vorbereiten. Je häufiger du übst, umso leichter fallen dir die Aufgaben. Wichtig ist, dass du nicht zu lange an einer Aufgabe arbeitest, wenn du sie nicht lösen kannst. Beantworte einfach die nächste.

1 Nicht verzweifeln: Viele Tests sind so aufgebaut, dass du in der vorgegebenen Zeit alle Aufgaben gar nicht schaffen kannst.

1 Übe einen Einstellungstest.

a) Bearbeite den Einstellungstest auf den nächsten Portfolioseiten. Du hast insgesamt 60 Minuten Zeit.

b) Wertet den Test eurer Partnerin oder eures Partners mit Hilfe der letzten Portfolioseite aus. Kreuzt die richtigen Antworten an. Ermittelt das Gesamtergebnis, jede richtige Aufgabe gibt einen Punkt. Gebt eurer Partnerin/eurem Partner ein Feedback über die Stärken und Schwächen in den einzelnen Bereichen.

2 Nach dem Vorstellungsgespräch heißt es erst einmal abwarten, denn der Betrieb muss sich entscheiden. Um dich in Erinnerung zu rufen, kannst du dich nach einiger Zeit noch einmal melden. Wenn du nicht anrufen möchtest, schicke einen Brief, in dem du dich für das Gespräch bedankst.

a) Bringe die Textbausteine in die richtige Reihenfolge, indem du sie nummerierst.

b) Lest euch den Text gegenseitig vor und kontrolliert, ob ihr die Reihenfolge richtig festgelegt habt.

- Ich habe bereits beim Betreten des Hotels die gute Atmosphäre gespürt, die in Ihrem Hause herrscht.
- Mit freundlichen Grüßen
- Die Anforderungen, die Sie an einen Auszubildenden stellen und die anfallenden Arbeiten würde ich gern erfüllen.
- Fabian Eisner
- Ich freue mich darauf von Ihnen zu hören.
- vielen Dank für das offene und herzliche Gespräch mit Ihnen im Hotel Schöneck. Ich bin jetzt mehr als zuvor davon überzeugt, eine Ausbildung in Ihrem Haus machen zu wollen.
- Sehr geehrter Herr Brandstetter,

3 Bearbeite die Selbsteinschätzung auf Seite 13.

Testaufgaben Deutsch

1 Welches Wort ist richtig geschrieben?

a)
- ○ Lokomotive
- ○ Lockommotive
- ○ Lockomotive
- ○ Lokomotife

b)
- ○ adieren
- ○ adiren
- ○ adiehren
- ○ addieren

c)
- ○ Renaissance
- ○ Rennaissance
- ○ Rennaisance
- ○ Renaissanse

2 Welche zwei Worte haben eine ähnliche Bedeutung?

a)
- ○ beleidigen
- ○ verlachen
- ○ schummeln
- ○ kränken

b)
- ○ einweisen
- ○ hinweisen
- ○ beweisen
- ○ nachweisen

c)
- ○ Geburt
- ○ Gebrechen
- ○ Geste
- ○ Gebärde

3 Was bedeuten die Fremdwörter …

a) relativ?
- ○ verhältnismäßig
- ○ sehr klein
- ○ sehr groß
- ○ verändert

b) akquirieren?
- ○ umtauschen
- ○ wässern
- ○ erwerben
- ○ verkaufen

c) brutto?
- ○ gewalttätig
- ○ mit Zinsen
- ○ ohne Zinsen
- ○ ohne Abzug

d) heterogen
- ○ verschieden
- ○ fremd
- ○ gleichartig
- ○ begründet

4 Welches Wort passt nicht in die Reihe?

a)
- ○ Winter
- ○ Mai
- ○ Sommer
- ○ Frühling

b)
- ○ sofort
- ○ bald
- ○ in Kürze
- ○ übermorgen

c)
- ○ Straße
- ○ Allee
- ○ Weg
- ○ Platz

d)
- ○ Schloss
- ○ Taxi
- ○ Museum
- ○ Schule

5 Welcher Satz ist richtig geschrieben?

a)
- ○ Sie hatte fünf einsen im Zeugnis und war Zweite im Weitsprung.
- ○ Sie hatte fünf Einsen im Zeugnis und war zweite im Weitsprung.
- ○ Sie hatte fünf Einsen im Zeugnis und war Zweite im Weitsprung.
- ○ Sie hatte fünf einsen im Zeugnis und war zweite im Weitsprung.

b)
- ○ Die Frau ist sehr tier freundlich.
- ○ Die Frau ist sehr Tier freundlich.
- ○ Die Frau ist sehr tierfreundlich.
- ○ Die Frau ist sehr Tierfreundlich.

c)
- ○ Aber heute früh habe ich einen Arzttermin.
- ○ Aber heute Früh habe ich einen Arzttermin.
- ○ Aber Heute früh habe ich einen Arzttermin.
- ○ Aber Heute Früh habe ich einen Arzttermin.

Testaufgaben Allgemeinwissen

1 Wenn in Deutschland ein neues Gesetz entstanden ist, von wem wird es zuletzt unterschrieben?
- ○ vom Bundeskanzler
- ○ vom Bundespräsidenten
- ○ vom Bundestagspräsidenten
- ○ von den Bundesministern

2 Wann war der zweite Weltkrieg?
○ 1914 bis 1918 ○ 1939 bis 1945 ○ 1935 bis 1949 ○ 1945 bis 1952

3 Was wird in Ohm gemessen?
○ Stromstärke ○ Widerstand ○ Spannung ○ Radioaktivität

4 Was bedeutet die Abkürzung BGB?
- ○ Bürgerliches Grundgesetzbuch
- ○ Berliner Grundbuch
- ○ Bürgerliches Gesetzbuch
- ○ Betriebsgaststätten-Bund

5 Wie viele Menschen leben in Deutschland?
○ 22 Millionen ○ 82 Millionen ○ 60 Millionen ○ 150 Millionen

6 Wie viele Wählerstimmen muss eine Partei mindestens bekommen, damit sie Sitze im Bundestag bekommt?
○ 3% ○ 5% ○ 15% ○ 25%

7 Welches Wirtschaftssystem haben wir in Deutschland?
- ○ Zentrale Marktwirtschaft
- ○ Kapitalistische Marktwirtschaft
- ○ Sozialistische Markwirtschaft
- ○ Soziale Marktwirtschaft

8 Welcher Begriff wird verwendet, wenn zwei Unternehmen zusammengehen?
○ Fusion ○ Vision ○ Emission ○ Transaktion

9 Wie nennt man beim Computer die kleinste Informationseinheit?
○ Chip ○ Link ○ Unix ○ Bit

10 Wie lang ist eine Marathonstrecke?
○ 12 km ○ 22 km ○ 32 km ○ 42 km

Testaufgaben Mathematik

1 Du hast ein Aquarium. Laut Gebrauchsanweisung soll es nur bis 10 cm unter den Rand gefüllt werden. Wie viel Liter Wasser darfst du maximal in das Aquarium einfüllen?

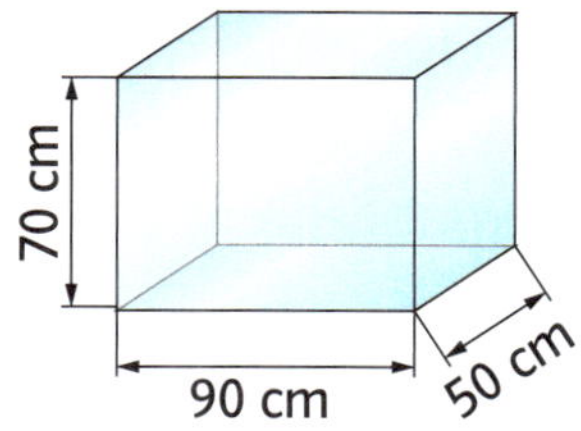

Antwort: ______________________________

2 Bei der Durchsicht des Holzlagers stellst du fest, dass noch 3 Pakete Leisten à 12 m am Lager sind. Du benötigst allerdings 70 m Leisten. Wie viele Meter Leisten musst du noch nachbestellen?

Antwort: ______________________________

3 Du brauchst für die 80 km lange Fahrt zu einem Kunden 5,5 Liter Benzin. Wie weit kommst du bei gleicher Fahrweise mit 11 Litern Benzin?

Antwort: ______________________________

4 Du kaufst einen Drucker für 170,- €. Hierzu kommen noch 19 % Mehrwertsteuer. Wie viel kostet der Drucker insgesamt (brutto)?

Antwort: ______________________________

5 Es werden 15 Bilderrahmen angeliefert, von denen 6 beschädigt sind. Wie viel Prozent der Bilderrahmen sind aus diesem Grund mangelhaft?

Antwort: ______________________________

6 Du legst eine Fläche von 1,5 m x 2,5 m mit Korkfliesen aus. Diese haben eine Abmessung von 25 cm x 25 cm. Wie viele dieser Fliesen benötigst du?

Antwort: ________________________

Testaufgaben Logik/Räumliches Denken

1 Durch welche Zahl wird die Zahlenreihe logisch fortgesetzt? Trage sie in das Kästchen ein.

Beispiel: 0 4 8 12 16 20 24 [28] Die Zahlen wurden jeweils mit 4 addiert.

a)		2	4	6	8	10	12	14	☐
b)		3	6	9	12	15	18	21	☐
c)		5	10	16	23	31	40	50	☐
d)	3	8	10	15	17	22	24	29	☐
e)	20	2	16	5	12	8	8	11	☐

2 Wie viele Flächen haben die folgenden Körper?

a) 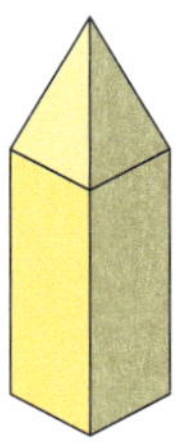 ______ Flächen

b)  ______ Flächen

3

a) Welche Figur passt zu der Abwicklung?

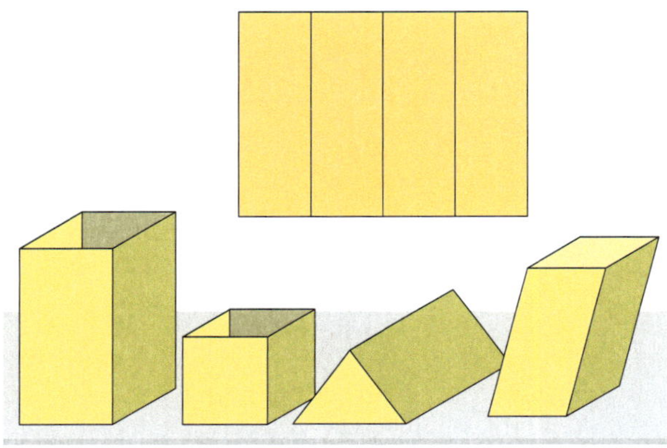

A ○ B ○ C ○ D ○

b) Welche Abwicklung passt zu der Figur?

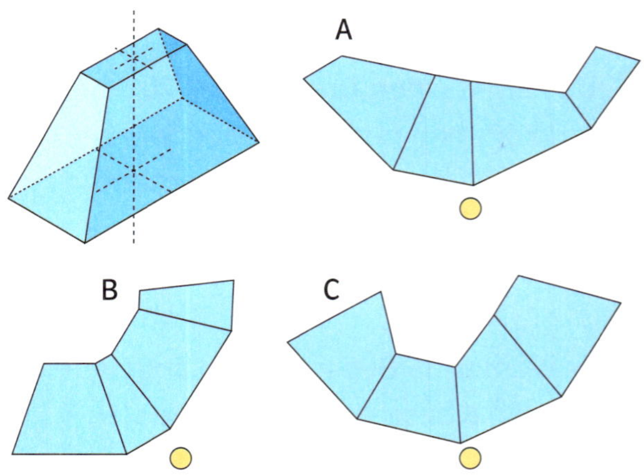

4 Du siehst drei Seiten eines Würfels. Der Würfel wurde immer eine Seite weiter gedreht. Wie muss der Würfel nach der dritten Drehung aussehen?

A B C D

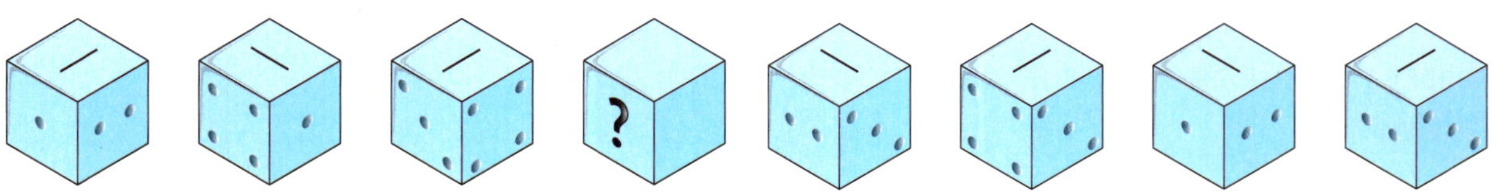

○ ○ ○ ○

Testaufgaben Technisches Verständnis

1 Die folgenden Aufgaben stellen Zeichnungen mit physikalischen oder technischen Vorgängen dar. Lies die Aufgaben zuerst genau durch und betrachte dann die Zeichnung. Entscheide dich dann für eine der vorgeschlagenen Antworten und kreuze sie an (Es ist immer nur eine Antwort richtig!).
Finde heraus, ob die eingezeichneten Pfeile, welche die Drehrichtung angeben, richtig sind. Dabei ist die mögliche Drehrichtung der einzelnen Räder, Zahnräder und Riemen zu beachten.

a)

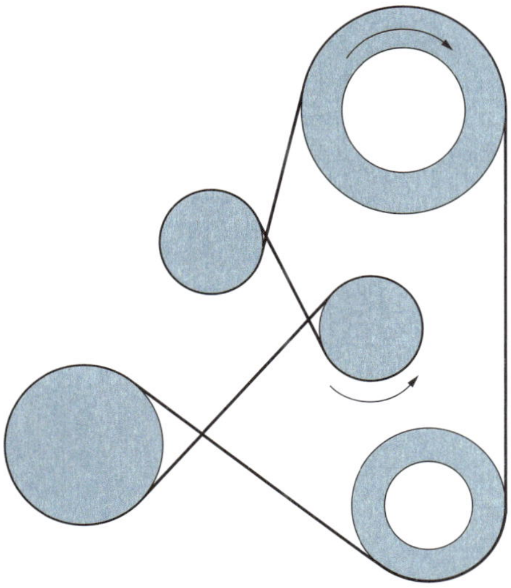

○ richtig ○ falsch

b)

○ richtig ○ falsch

2 In den vier abgebildeten Rahmen sind Drähte eingespannt. Welcher Rahmen ist am stabilsten?

A

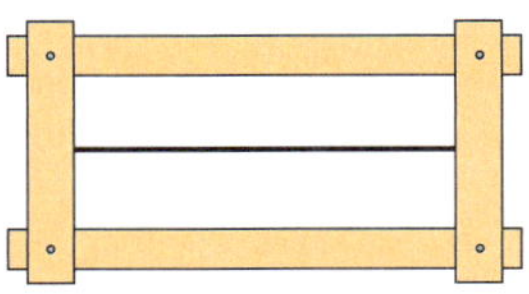

○

B

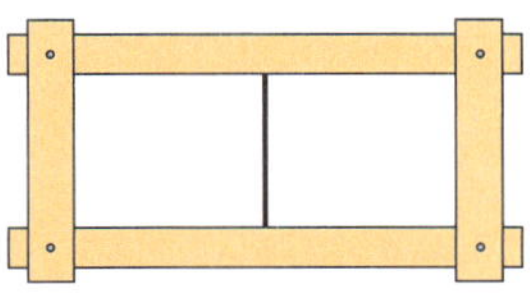

○

C

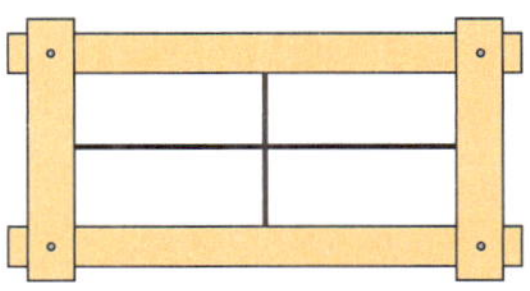

○

D

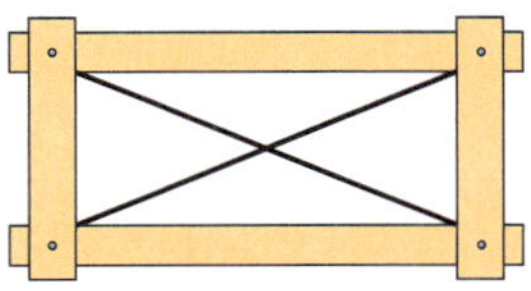

○

3 Welches der Boote fährt vorwärts?

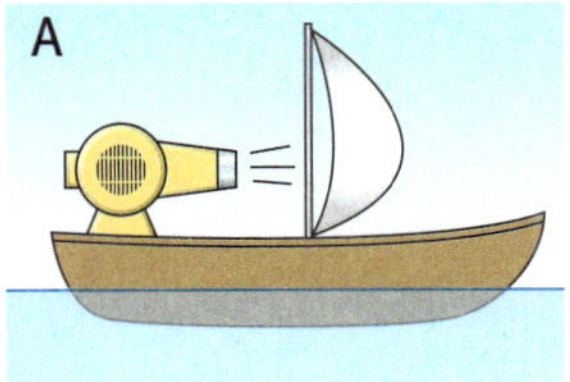

○

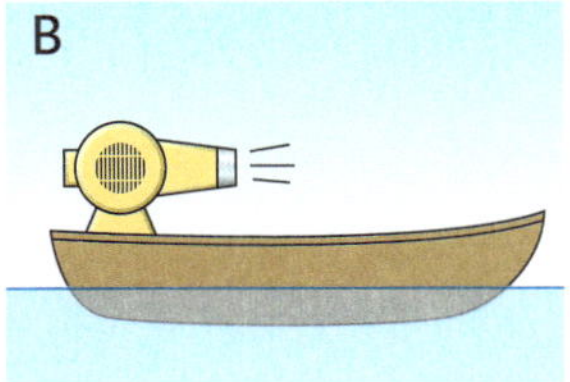

○

keins

○

Lösungsbogen

Testaufgaben Deutsch

1.		2.		3.		4.	
a) Lokomotive (1. Antwort)	○	a) beleidigen = kränken	○	a) verhältnismäßig	○	a) Mai	○
b) addieren (4. Antwort)	○	b) beweisen = nachweisen	○	b) erwerben	○	b) übermorgen	○
c) Renaissance (1. Antwort)	○	c) Geste= Gebärde	○	c) mit Zinsen	○	c) Platz	○
				d) verschieden	○	d) Taxi	○

5.	
a) Sie hatte fünf Einsen im Zeugnis und war Zweite im Weitsprung. (3. Lösung)	○
b) Die Frau war sehr tierfreundlich. (3. Lösung)	○
c) Aber heute früh habe ich einen Arzttermin. (1. Lösung)	○

Testaufgaben Allgemeinwissen

1.	vom Bundespräsidenten	○	**6.**	5%	○
2.	1939 bis 1945	○	**7.**	Soziale Marktwirtschaft	○
3.	Widerstand	○	**8.**	Fusion	○
4.	Bürgerliches Gesetzbuch	○	**9.**	Bit	○
5.	82 Millionen	○	**10.**	42 km	○

Testaufgaben Mathematik

1.	270 Liter	○	**4.**	202,30 €	○
2.	34 m	○	**5.**	40 %	○
3.	160 km	○	**6.**	60 Stück	○

Testaufgaben Logik/Räumliches Denken

1.		2.		4.	
a) 16	○	a) 9 Flächen	○	Würfel A	○
b) 24	○	b) 8 Flächen	○		
c) 61	○	**3.**			
d) 31	○	a) Figur A	○		
e) 4	○	b) Figur B	○		

Testaufgaben Technisches Verständnis

1.		2.		3.	
a) falsch	○	Rahmen D	○	keins	○
b) richtig	○				

Gesamtergebnis

Deutsch: ______ von 17 Punkten

Allgemeinwissen: ______ von 10 Punkten

Mathematik: ______ von 6 Punkten

Logik/Räumliches Denken: ______ von 10 Punkten

Technisches Verständnis: ______ von 4 Punkten

8 Arbeitsplätze erkunden

Ich werde …

- *die Begriffe Import und Export erklären*
- *über die Vor- und Nachteile der Globalisierung diskutieren*
- *Schaubilder verstehen*
- *Arbeitsplätze in Deutschland und im Ausland vergleichen*

1 Vermute, in welche Länder Güter aus Deutschland mit dem Schiff transportiert werden.

2 Aus welchen Ländern kommen Güter mit dem Schiff zu uns?

3 Welche Güter könnten das sein?

„Schau mal, das hat nur vier Euro gekostet."

Export und Import – Ausfuhr und Einfuhr von Gütern

Ob Elektrogeräte, Kleidung oder Lebensmittel, viele unserer Güter stammen aus dem Ausland. Sie werden nach Deutschland importiert (eingeführt). Umgekehrt werden viele Güter aus Deutschland ins Ausland verkauft, also exportiert. Deutschland betreibt Handel mit der gesamten Welt.

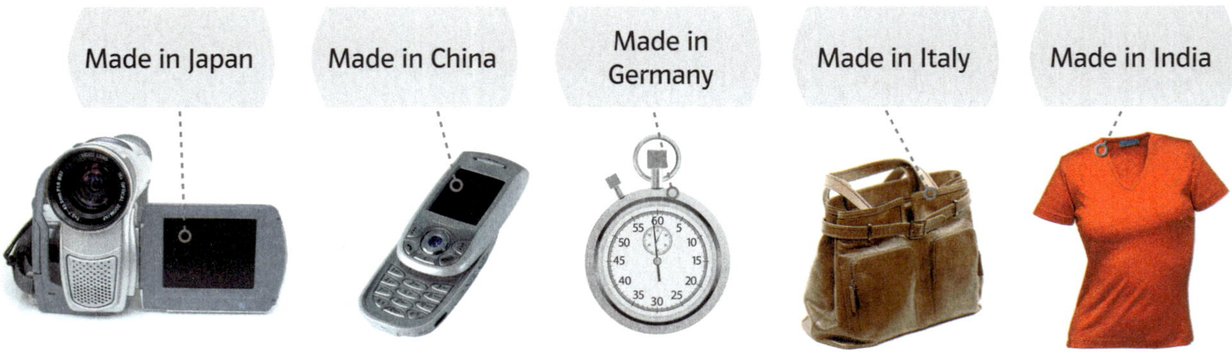

1 Sucht die Länder, in denen die oben abgebildeten Gegenstände produziert wurden, auf der Karte und markiert die Länder mit einem Punkt. Nehmt einen Atlas zur Hilfe, wenn ihr nicht wisst, wo die Länder liegen.

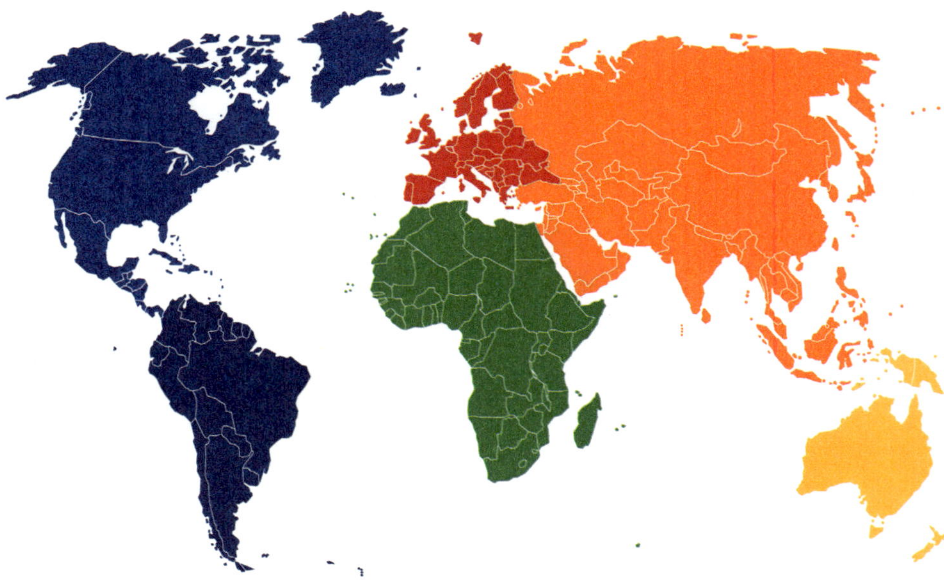

2 Bildet Vierergruppen

a) Untersucht, wo eure Kleidung und alles, was ihr heute in die Schule mitgenommen habt, herkommt. Markiert das Herkunftsland mit einem Punkt auf der Weltkarte.

b) Untersucht, aus welchen Ländern besonders viel importiert wird. Welche Gründe könnte es dafür geben?

> Schaut auf die Etiketten und Firmennamen.

Globalisierung

Die ganze Welt ist miteinander durch Handel verbunden und vernetzt. Wir kaufen exotische Früchte, reisen in die ganze Welt, verkaufen unsere Produkte in andere Länder, schließen Verträge, leben mit Menschen aus unterschiedlichsten Ländern zusammen und tauschen unsere Daten aus. Durch die neuen Medien und Technologien geht das zu jeder Zeit.

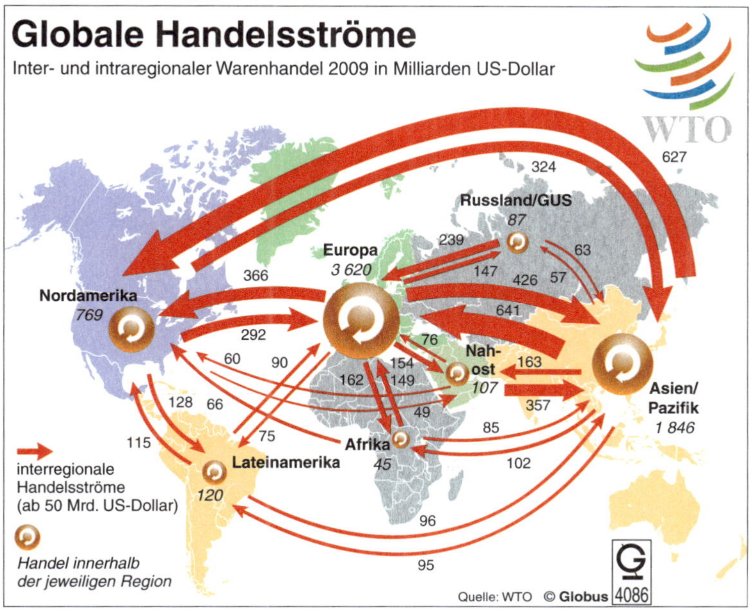

Die folgenden Fragen helfen dir beim Verstehen des Diagramms:

- Wie lautet die Überschrift?
- Was ist genau dargestellt?
- Welche Regionen sind genannt?
- Was bedeuten die roten Pfeile?
- Warum sind die Pfeile unterschiedlich dick?
- Was bedeuten die orangefarbenen Kreise?
- Was bedeuten die Zahlen?

1 Betrachte die roten Pfeile und beantworte die folgenden Fragen.

a) In welche Region exportiert Europa am meisten? ______________________

b) Aus welcher Region importiert Europa am meisten? ______________________

c) Wo wird am meisten innerhalb der Region gehandelt? ______________________

c) Aus welcher Region importiert Nordamerika am meisten? ______________________

d) Wie groß ist der Unterschied zum Export in diese Region? ______________________

2 Stelle deiner Partnerin oder deinem Partner zwei weitere Fragen und notiere die Antwort.

Frage: ______________________

Antwort: ______________________

____

Frage: ______________________

Antwort: ______________________

____

Kleidungsstücke werden hauptsächlich in Handarbeit von Näherinnen und Nähern hergestellt. In Deutschland sind die Stundenlöhne relativ hoch. Viele Kunden sind aber nicht bereit, entsprechend hohe Preise zu bezahlen. Daher verlegen manche Hersteller die Produktion in Länder mit niedrigeren Löhnen. So ist es möglich, Kleidungsstücke in Deutschland sehr billig anzubieten.

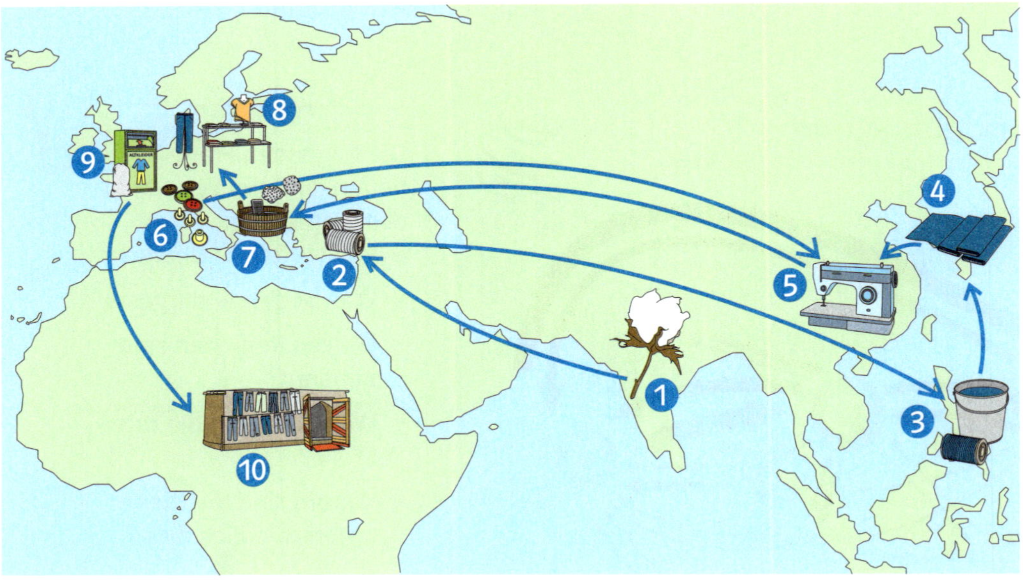

- ☐ Zum Verkauf kommt die fertige Jeans unter anderem nach Deutschland.
- ☐ Die Baumwolle als Rohstoff kommt z. B. aus Indien.
- ☐ In den Niederlanden werden getragene Jeans als Altkleidung gesammelt.
- ☐ In der Türkei wird aus der Baumwolle Garn hergestellt.
- ☐ In Südkorea wird aus dem Garn der Jeans-Stoff gewebt.
- ☐ Die gesammelten Alt-Jeans vermarktet man in Afrika.
- ☐ Zum Färben gelangt das Garn auf die Philippinen.
- ☐ Zum Nähen geht der Stoff nach China.
- ☐ In der Türkei erhält die Jeans durch eine Endbehandlung mit Bimsstein den Stone-washed-look.
- ☐ Aus Italien und Frankreich kommen die Zubehörteile wie Nieten, Knöpfe, Waschanleitung.

3

a) Lies dir die Stationen der Jeans-Produktion durch und bringe sie in die richtige Reihenfolge. Schreibe die richtige Nummerierung in die blauen Kästen.

b) Vergleicht eure Einordnungen und korrigiert, wenn nötig.

Produzieren und verkaufen im Ausland

1 Getragene Jeans werden nach Afrika gebracht und dort verkauft.

a) Sucht gemeinsam mindestens zwei Argumente, die für die Ausfuhr nach Afrika sprechen. Überlegt dann mindestens zwei Argumente, die dagegen sprechen.

Dafür:	Dagegen:
1. ____________________	1. ____________________
2. ____________________	2. ____________________

b) Vergleicht eure Ergebnisse. Findet einen gemeinsamen Standpunkt und begründet eure Meinung.

____

____

c) Stellt eure Standpunkte der Klasse vor.

2 Viele Firmen verlagern wegen niedrigerer Lohnkosten ihre Produktion ins Ausland. Neben den Lohnkosten gibt es viele weitere Gründe für die Auslagerung von Arbeitsschritten.

a) Unterstreiche im Text die Gründe für die Verlagerung oder die Neuansiedlung der Unternehmen.

b) Welche Auswirkungen hat das für die Menschen in den beiden Ländern?

In Deutschland sind die Steuern sehr hoch, die Unternehmen an den Staat zahlen müssen. Außerdem gibt es viele gesetzliche Bestimmungen. Wir hätten viel Geld für die Erfüllung der Umweltschutzauflagen ausgeben müssen, die unser Produkt teurer gemacht hätten. Auf dem Markt können wir aber keine höheren Preise verlangen. Deshalb haben wir die Produktion nach Korea verlagert, denn hier sind die Steuern niedriger und es gibt weniger Auflagen.

Wir haben vor kurzem eine neue Produktionsanlage in Pennsylvania (USA) eröffnet. Dort bekommen wir Subventionen, also Geld, das der Staat für die Neuansiedlung von Industrieanlagen zahlt. Das ist für uns ein großer Vorteil. Außerdem ist es für den amerikanischen Markt wichtig, auch im Land selbst zu produzieren, so sparen wir Zollgebühren und Transportkosten.

Wir werden in naher Zukunft ein neues Werk in Brasilien bauen. Es ist günstiger, den Kautschuk im Land zu verarbeiten, in dem er hergestellt wird, als ihn nach Deutschland zu verschiffen. Es werden Arbeitsplätze in Brasilien geschaffen, wo die Lohnkosten geringer sind. So können wir unseren Marktanteil an Autoreifen in der Welt vergrößern und sichern so Arbeitsplätze in Deutschland, z. B. in Forschung, Entwicklung und Marketing.

Arbeitsplätze der Welt

1 Ordne die Aussagen den Ländern zu, die auf den Bildern dargestellt sind.

1 Bangladesch

2 Türkei

3 Deutschland

Ich bin froh, dass ich hier arbeiten kann, denn die Arbeit macht mir Spaß und das Betriebsklima ist prima. Ein normaler Arbeitstag beginnt bei mir um 9.00 Uhr. Von 13:00 bis 14:00 Uhr habe ich Mittagspause und um 18:00 Uhr ist Feierabend. Für die 5-Tage-Woche – samstags und sonntags haben wir frei – bekomme ich ein festes Tarifgehalt von 2000 Euro im Monat, Überstunden werden extra bezahlt. Wenn ich krank werde, wird mir mein Lohn weiter gezahlt. Insgesamt stehen mir 26 Tage Urlaub im Jahr zu. Mein Chef verlangt von mir gute Leistung aber er steht hinter uns, wenn es Probleme gibt. Wenn wir Verbesserungsvorschläge und Beschwerden haben, hört er aufmerksam zu.

Dieser Arbeitsplatz liegt in: ______________________

Ich arbeite an sechs Tagen in der Woche mindestens 12 Stunden lang. Manchmal muss ich auch nachts arbeiten. Ich verdiene im Monat 250 € und unterstütze davon meine Familie, die in einem abgelegenem Dorf lebt. Wenn ich krank werde, bekomme ich keinen Lohn. Eigentlich steht mir Urlaub zu, da er aber nicht bezahlt wird, nehme ich ihn nicht in Anspruch. Mit 16 Jahren bin ich mit meinem Bruder in die Fabrik gegangen. Wir bestrahlen die fertigen Jeans mit Sand, damit sie den modernen Look bekommen. Obwohl diese Arbeit für unsere Gesundheit schädlich ist, bekommen wir keinen Mundschutz, um uns vor dem Staub zu schützen. Aber unsere Beschwerden werden ignoriert. Ich habe Angst, auch unheilbar krank zu werden. Einige meiner Freunde sind bereits an einer Staublunge gestorben.

Dieser Arbeitsplatz liegt in: ______________________

Ich bin Näherin und arbeite so lange, wie es angeordnet wird, oft auch nachts. Manchmal muss ich sieben Tage in der Woche arbeiten. In der Woche arbeite ich um die 70 Stunden. Ich bekomme keine Überstunden bezahlt. Meinen Lohn von 30 € im Monat bekomme ich erst einen Monat später. Wenn ich krank bin, bekomme ich keinen Lohn. Während der Arbeit dürfen wir nicht sprechen. Manchmal werden wir auch geschlagen. Wenn ich Fehler mache, werde ich beschimpft aber wer sich beschwert, fliegt raus. Das schlimmste wäre, wenn ich entlassen würde, dann könnte ich meine Familie nicht unterstützen. Urlaub kann ich mir nicht leisten, denn er wird nicht bezahlt.

Dieser Arbeitsplatz liegt in: ______________________

2 Vergleiche die Arbeitsbedingungen an den drei Arbeitsplätzen.

	Arbeitsplatz in Deutschland	Arbeitsplatz in Bangladesch	Arbeitsplatz in der Türkei
Arbeitstage pro Woche			
Arbeitszeit pro Tag			
Lohn/Gehalt			
Urlaubstage			
Was passiert im Krankheitsfall?			
Was passiert bei Beschwerden?			

Einige Hersteller und Händler setzen sich für bessere Arbeits- und Lebensbedingungen in den Entwicklungsregionen wie Asien, Afrika oder Südamerika ein. Die Baumwollpflücker sollen einen fairen Preis für ihre Ware bekommen, die Näherinnen und Näher einen fairen Lohn. Fair gehandelte Waren erkennst du an einem Fairtrade-Siegel. Sie sind meist teurer, ermöglichen den Menschen in anderen Teilen der Erde aber einen besseren Lebensstandard.

TRANSFAIR
FAIRTRADE

3

a) Berechnet die Kosten der einzelnen Preisbestandteile eines T-Shirts, das vier Euro kostet. Schreibt die Beträge in die Grafik.

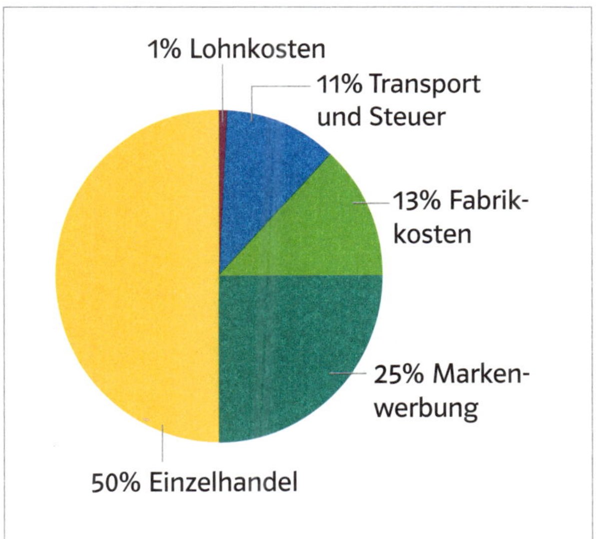

Quelle: Kampagne für saubere Kleidung

b) Eine Fairtrade-Organisation möchte für die Arbeiterinnen und Arbeiter höhere Löhne vereinbaren. Berechnet, was eine Erhöhung von 30 % oder 50 % bei einem Monatslohn von 30 Euro ausmacht.

bei 30 % Lohnerhöhung: ____________________

bei 50 % Lohnerhöhung: ____________________

c) Wie hoch wäre der Verkaufspreis des T-Shirts, wenn die Löhne angehoben würden?

bei 30 % Lohnerhöhung: ____________________

bei 50 % Lohnerhöhung: ____________________

d) Welche Auswirkungen hätten diese Lohnerhöhungen auf die Verbraucher in Deutschland? Begründet eure Meinung.

e) Im Laden hängen zwei gleiche T-Shirts: Eins aus Bangladesh für 5 Euro, eins aus Deutschland für 10 Euro. Welches kaufst du? Begründe.

Methode: Pro- und Kontra-Diskussion
Bei einer Pro- und Kontra-Diskussion tauschen zwei Parteien ihre Meinungen zu einem bestimmten Thema aus. Bei einer Diskussion gibt es kein Falsch oder Richtig, sondern nur Gründe dafür (Pro) oder dagegen (Kontra).

1. **Meinung abstimmen:** Jeder bildet sich eine eigene Meinung zum Thema. Stimmt per Handzeichen ab.
2. **Argumente sammeln:** Bildet gleich große Gruppen, die entweder „Pro-Argumente" oder „Kontra-Argumente" sammeln.
3. **Diskussion führen:** Die Klasse wählt eine Diskussionsleiterin oder einen -leiter, die/der in das Thema einführt und den Gruppen das Wort erteilt. Ausgewählte Vertreter/innen der Pro- und der Kontra-Gruppen tauschen ihre Argumente aus. Der Rest der Klasse beobachtet die Diskussion.
4. **Diskussion bewerten:** Die Beobachter geben den Diskutierenden ein Feedback: Waren die Gruppenvertreter/innen gut informiert? Waren die Argumente überzeugend? Welche Schwierigkeiten ergaben sich im Verlauf der Diskussion? Was könnte bei der nächsten Diskussion besser gemacht werden?
5. **Zweite Abstimmung:** Macht eine weitere Abstimmung. Hat sich durch die Diskussion das Meinungsbild in der Klasse geändert?

Argumente für und gegen die Globalisierung:

Durch die weltweite Zusammenarbeit werden das Reisen und der Warentransport unkomplizierter.

Güter des täglichen Bedarfs können dort produziert werden, wo die Herstellung am günstigsten ist. Für den Verbraucher bedeutet das sinkende Preise und ein größeres Angebot.

Experten aus Wissenschaft und Forschung können sich weltweit zusammentun und damit bessere Ergebnisse erzielen.

Gut ausgebildete Menschen können Arbeitsplätze im Ausland annehmen, Firmen können ihren Standort erweitern und neue Arbeitsplätze schaffen. Das macht alle flexibler.

Für den Transport der Rohstoffe und Waren wird viel Treibstoff verbraucht. Das belastet die Umwelt.

Wenn in dem Land, in dem der Rohstoff vorkommt, produziert wird, spart das Transportwege und belastet damit die Umwelt weniger.

Menschen in armen Ländern beschweren sich nicht, wenn sie ungerecht behandelt werden, weil sie sonst die Arbeit verlieren. Das führt zu schlechten Arbeitsbedingungen. Die Menschen werden häufiger krank und sterben früher.

In Deutschland braucht man nur noch sehr gut ausgebildete Leute. Die einfachen Arbeiten werden ausgelagert, und Arbeiter hier arbeitslos.

Durch billigere Produktion ist der Gewinn einer Firma größer. Das Geld kann in die Forschung fließen und Arbeitsplätze in Deutschland sichern.

Die Menschen in der dritten Welt sind froh, überhaupt Arbeit zu haben und nicht zu verhungern.

Die Arbeitsschutz- und Umweltschutzbestimmungen werden in Billiglohnländern häufig nicht eingehalten. Das belastet die Umwelt und ist schlecht für die Arbeiterinnen und Arbeiter.

9 Veränderungen erkennen

Ich werde …

- *Berufsbiographien von verschiedenen Mensch kennen*
- *Fort- und Weiterbildungsmöglichkeiten recherchieren*

1 Was bedeuten die Berufsbezeichnungen auf den Schildern?

2 Warum stehen die Bezeichnungen auf den Schildern?

„Früher habe ich eine Hauptschule besucht. Heute bin ich Leiterin des Kindergartens."

Berufswege sind unterschiedlich

Vom Lehrling zur Chefin

1

Carla Ruiz-Zapata hat es geschafft. Gestern feierte sie das 10jährige Jubiläum ihres Gartenbaubetriebs. Dass sie es so weit schaffen würde, hätte sie nie gedacht. Nach dem Abschluss der Hauptschule begann Carla eine Lehre als Gärtnerin, die sie mit der Gesellenprüfung beendete. Mehrere Jahre arbeitete sie danach in ihrem Ausbildungsbetrieb, einer Baumschule, als Landschaftsgärtnerin. Schon damals hatte Carla den Wunsch, einmal einen eigenen Betrieb zu führen. Als sie genug Geld gespart hatte, meldete sie sich an einer Meisterschule an. Dort wurde ein Ausbilder auf sie aufmerksam, weil sie sich durch besondere Leistungen und Ideen hervortat. Dieser riet ihr, noch ein Studium an einer Universität zu beginnen, da dies mit einem Meistertitel auch ohne Abitur möglich ist. Doch nach der Meisterschule waren ihre Geldreserven aufgebraucht, an ein Studium war nicht zu denken. Stattdessen nahm sie eine Stelle als Abteilungsleiterin in einem großen Gartenbaubetrieb an und arbeitete dort drei Jahre lang. Berufserfahrung hatte sie nun genug, aber um einen eigenen Betrieb zu führen, fehlte ihr noch das kaufmännische Wissen. Deshalb machte sie eine Weiterbildung bei der Handwerksakademie und durfte sich nach Abschluss der Weiterbildung „Betriebswirtin (HwK)“ nennen. Als sie das nötige Startkapital zusammengespart hatte, erfüllte sie sich ihren Traum und gründete einen eigenen Gartenbaubetrieb. Heute ist sie Chefin von 40 Beschäftigten.

1 Unterstreiche die einzelnen Stationen in Carlas Ausbildung und ihre Tätigkeiten im Text. Vervollständige die Tabelle.

Schulabschluss:	
Ausbildung zur	
Abschlussprüfung:	
Tätigkeit als	
Schulbesuch an der	
Prüfung zur	
Tätigkeit als	
Weiterbildung an der	
Prüfung zur	
Gründung eines	

2 Was ist das Besondere an Carlas Berufsweg? Schreibt mindestens zwei Punkte auf.

Viele Wege führen zum Ziel

2

„Ich heiße Takumi und mache gerade eine Weiterbildung zum IT-Professional. Die Weiterbildung läuft neben dem Beruf. Das heißt, dass ich tagsüber arbeite und abends zur Schule gehe. Meistens muss ich dann noch an den Wochenenden lernen.

Das klingt anstrengend, aber es lohnt sich. Wenn ich die Weiterbildung erfolgreich abschließe, kann ich in meinem Unternehmen weiterkommen. Die Chancen steigen, dass ich eine Stelle als Ausbildungsleiter bekomme und aufsteige. Dann verdiene ich mehr Geld und die Stelle hat ein höheres Ansehen. Außerdem kann ich auch einmal andere Tätigkeiten machen. Nach 5 Jahren im Beruf ist es mir manchmal langweilig gewesen. Ich möchte mein Unternehmen zwar in der nächsten Zeit nicht verlassen, aber wenn ich einmal wechseln möchte oder arbeitslos werde, sind die Chancen besser, einen neuen Job zu finden."

3

a) Welche Gründe nennt Takumi für seine Weiterbildung?

____

____

b) Welche Gründe wären auch für dich später wichtig? Unterstreiche sie und begründe deine Entscheidung einer Partnerin/einem Partner.

____

____

____

____

Durch eine Weiterbildung kann man viel erreichen.

- Man kann einen **besseren Schulabschluss** machen.
  Beispiel: Auf einer Abendschule kann man den Realschulabschluss oder das Abitur nachholen.
- Man kann sich beruflich weiterbilden und einen **„höheren" Abschluss im Beruf** machen.
  Beispiel: Auf einer Meisterschule den Meistertitel erlangen, auch ein Studium führt zu einem anerkannten Abschluss.
- Man kann einen neuen oder anderen Beruf durch eine **Umschulung** lernen.
  Beispiel: Wenn man wegen einer Krankheit einen Beruf nicht mehr ausüben kann, lässt man sich auf einen anderen, weniger belastenden Beruf umschulen.
- Man kann sich in **einzelnen Aufgabenbereichen weiterbilden**, die für den Beruf wichtig sind. Bei diesen Weiterbildungen wird meistens kein weiterer Abschluss gemacht, aber die Teilnehmer bekommen ein Zertifikat als Beweis für ihre Teilnahme.
  Beispiel: Als Büroangestellter kann man sich im Bereich „Textverarbeitung am Computer" weiterbilden lassen.

Weiterkommen duch Weiterbildung

1 Bei einer Umfrage wurden 7000 Menschen befragt, ob und warum sie sich beruflich weitergebildet haben.

Von 7000 Befragten antworteten	Das habe ich überhaupt schon einmal gemacht	Das habe ich in den letzten 3 Jahren gemacht
Ich habe mich mit Hilfe von Lehrgängen auf einen anderen Beruf **umschulen** lassen.	13 %	5 %
Ich habe an Lehrgängen für den beruflichen **Aufstieg** teilgenommen.	16 %	7 %
Ich habe im Betrieb an besonderen Lehrgängen zur **Einarbeitung** in eine neue Arbeit teilgenommen.	26 %	17 %
Ich habe an Lehrgängen zur **Anpassung** an neue Aufgaben in meinem Beruf teilgenommen.	37 %	26 %
Ich habe an **sonstigen** Lehrgängen in meinem Beruf teilgenommen (z. B. EDV-Kurse, Sprachkurse).	37 %	5 %

Quelle: tns infratest/BMBF 2008

a) Was könnte mit „Anpassung an neue Aufgaben im Beruf" gemeint sein? Nenne mindestens zwei Beispiele. ____________________

____

b) Wie viele von den 7000 befragten Menschen haben sich absolut in den letzten drei Jahren in eine neue Arbeit einarbeiten lassen?

____

c) Welche beruflichen Gründe kann es geben, dass jemand an einem Sprachkurs teilnimmt?

____

____

Die Kammern sind wichtige Partner bei der Weiterbildung. Denn nach der Lehre ist noch lange nicht Schluss. Die Abbildungen 1 und 2 zeigen einige Möglichkeiten, die nach der Ausbildung auf dich warten.

1 Aus- und Weiterbildungssystem der Handwerkskammer (HwK)

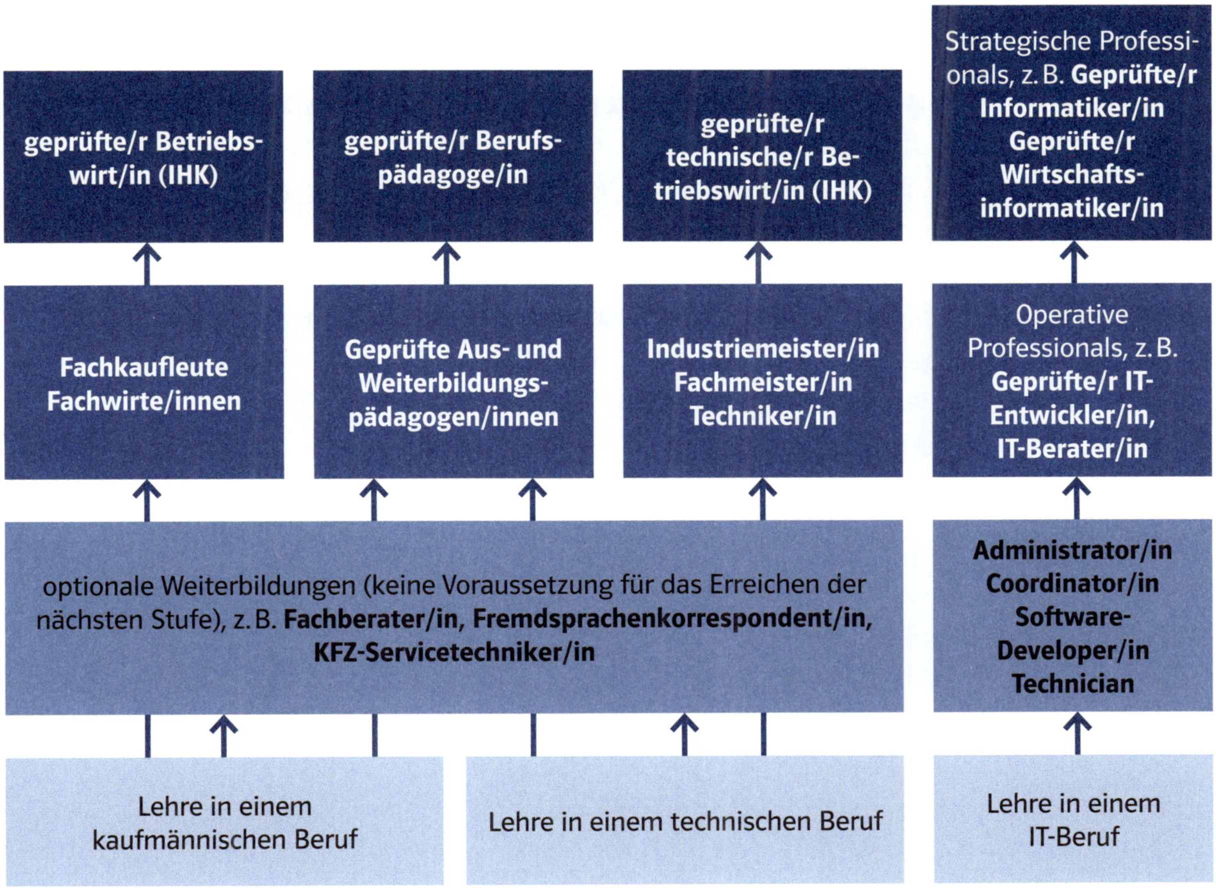

2 Aus- und Weiterbildungssystem der Industrie- und Handelskammer (IHK)

2 Überprüfe die folgenden Aussagen und kreuze an, ob sie richtig oder falsch sind.

		richtig	falsch
a)	Nach einer Lehre im Handwerk kann man Ausbildungsleiter werden.		
b)	Als IT-Entwicklerin kann man geprüfte technische Betriebswirtin (IHK) werden.		
c)	Um Fachwirt zu werden, muss man eine Lehre im kaufmännischen Bereich gemacht haben.		
d)	Nach einer Lehre in der Industrie kann man Servicetechnikerin werden.		
e)	Als Werkstattleiter kann man Geprüfter Informatiker werden.		
f)	Nach einer Lehre kann man die Meisterausbildung direkt anschließen.		
g)	Nach einer Lehre darf man selbst andere ausbilden.		
h)	Mit einem Meistertitel darf man ein eigenes Unternehmen gründen.		
i)	Nach einer Lehre in einem IT-Beruf kann man sich direkt zum Geprüften IT-Berater weiterbilden.		

Wer will, kommt zum Ziel

Es gibt zwei unterschiedliche Arten von Weiterbildungen: Durch **Anpassungsweiterbildungen** kannst du dein bestehendes Wissen innerhalb deines erlernten Berufs auffrischen, z. B. wenn du dich wegen technischer Veränderungen auf den neuesten Stand bringen möchtest. Durch **Aufstiegsweiterbildungen** kannst du einen „höheren" beruflichen Abschluss erreichen. Du wirst zum „Experten" und hast bessere Chancen, auf der Karriereleiter aufzusteigen. Die Meisterfortbildung oder ein Studium sind gute Beispiele hierfür. Wenn du wissen möchtest, welche Möglichkeiten es in „deinem" Beruf gibt, dich beruflich weiterzubilden, kannst du im BERUFENET nachsehen. Der Online-Link hilft dir, auf die richtigen Seiten zu gelangen.

Online-Link
103620-0118
BERUFENET

1 Recherchiere, welche Weiterbildungsmöglichkeiten es in „deinem" Beruf gibt.

Mein Wunschberuf lautet: ______________________________

Anpassungsweiterbildungen für „meinen" Beruf:

____
____
____
____
____
____
____

Aufstiegsweiterbildungen für „meinen" Beruf:

____
____
____
____
____
____
____
____

2 Bearbeite die Selbsteinschätzung auf Seite 14.

10 Zukunft planen

Ich werde …

- *Wohnungsanzeigen verstehen*
- *einen Wohnungsgrundriss lesen*
- *wissen, was in einem Mietvertrag steht*
- *Kredite vergleichen*
- *einen Haushaltsplan aufstellen*

1 Was denkst du: Wird sich der Auszubildende seine Wünsche erfüllen können?

2 Was würdest du dir von deinem ersten Ausbildungsgehalt leisten?

„Heute feiern wir meine erste eigene Wohnung."

Die erste eigene Wohnung

Malik und sein Freund Marcel machen eine Ausbildung als Fachkraft für Hafenlogistik. Da es in der Nähe ihres Heimatortes keinen Hafen gibt, müssen sie von zuhause ausziehen. Um sich die Kosten zu teilen, wollen sie gemeinsam eine Wohnung mieten. In der Zeitung haben sie nach Mietwohnungen gesucht. Die vielen Abkürzungen verwirren sie.

2-Zi.-Appartement direkt am Hafen 41 m^2, EG möbl., verfügbar ab sofort, an NR, 400,- – WM, 970,- – Kaution, Tel: 0 11 22/45 67 89

Zentrale Lage in der Stadtmitte, 2-Zi-Whg., 45 m^2, DG, Kü., Bad, Keller, KM 350,- – + NK 110,- – + 2 MM Kt. + 1 MM Makler, Tel: 0 11 22/56 78 91

Vorort von Hafenstadt, 3 ZKB, 68 m^2 Wfl. 1.OG vollst. renov., Bauj. 1968, Blk., Keller, EBK, TG, wenige Minuten zur S-Bahn, 320,- – KM + 100,- – NK + 1 000,- – Kaut., Tel: 0 11 22/87 65 43 dwohnna@ste.de

1 In den Anzeigen gibt es viele Abkürzungen. Was könnten Sie bedeuten? Ordnet die Abkürzungen den Bedeutungen zu.

Ein Makler vermittelt Wohnungen und verlangt dafür Geld.

Balk./Blk. – Bauj – EBK – EG/OG/DG – KM – Kt./Kaut. – Kü. – MM – möbl.– NK – NR – renov. – TG – Wfl. – Whg. – WM – Z./Zi. – ZKB

	möbliert (das heißt: In der Wohnung sind bereits Möbel)
	Nichtraucher
	Kaltmiete (also Miete ohne Heizung und Wasser im Monat)
	Warmmiete (also Miete inklusive Heizkosten und Wasserverbrauch)
	Nebenkosten im Monat (also die Kosten für Heizung und Wasser)
	Kaution (Geld, das bei Einzug bezahlt und beim Auszug zurückgezahlt wird, wenn alles in Ordnung ist)
	Zimmer
	Wohnfläche

	Zimmer, Küche, Bad
	Monatsmiete
	Wohnung
	Erdgeschoss/Obergeschoss/ Dachgeschoss
	Balkon
	Küche
	renoviert (alle Schäden sind beseitigt und die Wohnung ist neu gestrichen)
	Baujahr (Häuser die älter als 30 Jahre sind, brauchen oft mehr Heizung)
	Einbauküche
	Tiefgarage

2 Bildet Dreiergruppen. Jeder sucht sich eine Anzeige aus und liest den anderen die Anzeigen mit den vollständigen Worten vor. Erklärt der Gruppe in ganzen Sätzen, was in der ausgesuchten Anzeige steht.

3 Malik und Marcel haben eigene Vorstellungen davon, wie ihre Wohnung aussehen soll.

Ich möchte gerne in der Innenstadt wohnen, dann kann man auch mal etwas unternehmen. Ein Keller für mein Werkzeug wäre nicht schlecht. Mehr als 450 Euro Warmmiete darf die Wohnung aber nicht kosten.

Ich finde, die Wohnung sollte mindestens 45 Quadratmeter haben, sonst wird es zu eng. Außerdem wäre ein Balkon gut, damit man mal rauskommt. Mehr als 450 warm ist bei mir auch nicht drin.

	Wohnung 1 **2-Zimmer-Appartment**		**Wohnung 2** **Wohnung in Stadtmitte**		**Wohnung 3** **Wohnung im Vorort**	
Lage:						
Größe:						
Keller:						
Balkon:						
Kosten:						

a) Übertrage die Informationen zu Lage, Größe, Ausstattung und Kosten der Wohnung in die Tabelle.

b) Markiere in den grünen Spalten mit einem +, welche Angaben zu Wünschen der beiden Jungs passen.

c) Welche Wohnung passt am besten zu Malik und Marcel?
Ich empfehle Malik und Marcel die folgende Wohnung:

___

Begründung: ___

___

___

___

___

___

Grundrisse

1 Malik und Marcel haben sich für eine Wohnung entschieden. Nun überlegen sie, wer welches Zimmer bekommt. Malik hat ein Bett das 1,40 m breit und 2,00 m lang ist, Marcel ein Bett von 1,00 m Breite und 2,00 m Länge. Beide haben jeweils einen Kleiderschrank, der 1,50 m lang und 0,60 m tief ist und einen Schreibtisch mit 1,20 m mal 0,60 m. Sie wollen wissen, ob die Möbel in die Zimmer passen.

a) Zeichnet die Möbel maßstabsgerecht auf und schneidet sie aus.

b) Probiert aus, in welches Zimmer die Möbel passen. Das größte Zimmer ist das Wohnzimmer.

c) Welches Zimmer wird Malik, welches Marcel nehmen? Schreibe die Namen in das jeweilige Zimmer.

d) Beschriftet auch die anderen Zimmer.

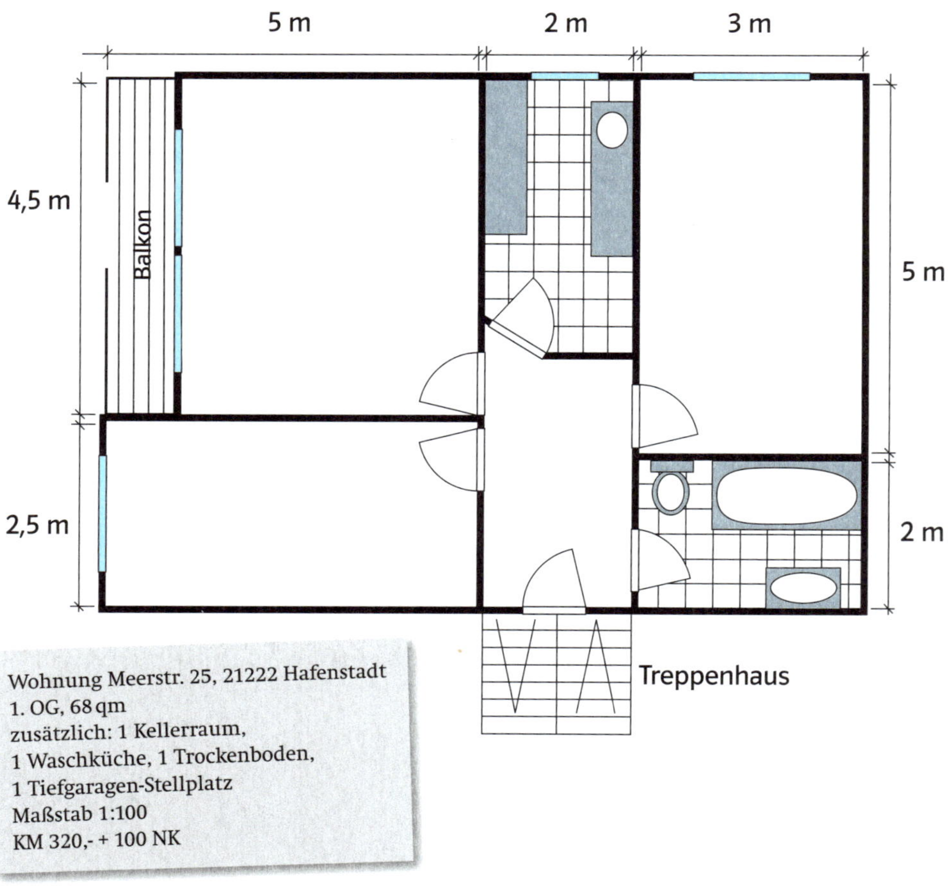

Wohnung Meerstr. 25, 21222 Hafenstadt
1. OG, 68 qm
zusätzlich: 1 Kellerraum,
1 Waschküche, 1 Trockenboden,
1 Tiefgaragen-Stellplatz
Maßstab 1:100
KM 320,- + 100 NK

2 Im Wohnzimmer soll Teppichboden verlegt werden. Der Quadratmeter kostet beim Baumarkt 6,50 Euro. Berechne die Kosten für den Teppich.

Einen Mietvertrag abschließen

Marcel und Malik haben sich für eine Wohnung entschieden. Nun müssen sie einen Mietvertrag abschließen.
In einem Mietvertrag sind festgelegt:

- Name und Adresse von Vermieter und Mieter
- Größe der Wohnung und Anzahl der Räume
- Mietzeit (befristet oder unbefristet) und Kündigungsfrist
- Höhe der Miete und der Nebenkosten
- Höhe der Kaution und Bedingungen der Rückzahlungen
- Angaben zu zusätzlichen Räumen wie Garagen, Keller, Wasch- und Trockenräumen usw.
- Vereinbarungen über die Instandhaltung der Räume (z. B. Renovierungen bei Einzug oder Auszug, Ausführung von kleineren Reparaturen)
- Bestimmungen zur Hausordnung

Vor Abschluss eines Mietvertrags wollen Vermieter folgendes wissen: Name, Anschrift, Telefonnummer, Beruf und Einkommen. Oft muss man die beiden letzten Lohnabrechnungen einreichen um zu beweisen, dass man die Miete bezahlen kann. Wenn du noch in der Ausbildung bist, kann es sein, dass der Vermieter eine Absicherung durch deine Eltern verlangt.

1 Füllt den Mietvertrag für Marcel Beier und Malik Aydin fertig aus. Die Angaben entnehmt ihr dem Grundriss der Wohnung.

Online-Link
103620-0123
Mietvertrag

Mietvertrag
Der Vermieter Heinrich Hansen

wohnhaft in Hafenstraße 102, 21222 Hafenstadt

und der (die) Mieter ______

schließen folgenden Mietvertrag:

§ 1 Mieträume
1. Im Hause ______
(Ort, Straße, Haus-Nr., Etage)

werden folgende Räume vermietet: ______ Zimmer, ______ Küche/Kochnische,

______ Bad/Dusche/WC, ______ Bodenräume/Speicher, ______ Kellerräume,

______ Garage/Stellplatz, ______ Garten, ______ gewerblich genutzte

Räume. Die Wohn/Nutzfläche beträgt ca. ______ Quadratmeter.

2. Der Mieter ist/ist nicht berechtigt, Waschküche, Trockenboden/Trockenplatz gemäß der Hausordnung mitzubenutzen.

§ 2 Mietzins und Nebenkosten
Die monatliche Grundmiete beträgt ______ Euro

Neben der Miete trägt der Mieter die Betriebskosten laut Betriebskostenverordnung. Auf diese

Betriebkosten ist eine monatliche Vorauszahlung von ______ Euro zu zahlen.

Was kostet ein Kredit?

Malik möchte sich für seine erste eigene Wohnung einen neuen Fernseher kaufen. Er hat auch schon ein Modell im Auge. Doch die 800 Euro, die der neue Flachbildfernseher kosten soll, hat er momentan noch nicht. Er könnte sein Konto überziehen, also mehr Geld abheben, als er auf seinem Konto hat. Er könnte auch einen Kredit bei der Bank beantragen, sich also Geld leihen. Und gestern hat er dann auch noch die Anzeige in der Zeitung gesehen, die schnelles Geld versprach …

Dispositionskredit
Wenn das Konto überzogen wird, werden 15,75 % Zinsen p.a. fällig.

Bankkredit
Geld leihen für 6,5 % Zinsen p.a. + einmalig 2 % bei Vertragsabschluss

Angebot: **Sofortkredit** – jetzt Bargeld leihen und sofort Wünsche erfüllen!
nur 2,5 % Zinsen im Monat

1 Vergleiche die drei Angebote. Welches sieht für dich auf den ersten Blick am günstigsten aus?

2

p.a. Heißt „per annum" = jährlich, pro Jahr

a) Berechnet, welche Kosten in einem Jahr für Zinsen und Bearbeitungsgebühren entstehen.

Kosten für den Dispositionskredit:	Kosten für den Bankkredit:	Kosten für den Sofortkredit:

b) Malik möchte den Kredit innerhalb eines Jahres zurückgezahlt haben. Berechne die monatlichen Raten.

Raten für den Dispositionskredit:	Raten für den Bankkredit:	Raten für den Sofortkredit:

c) Welchen Kredit würdet ihr Malik jetzt empfehlen? Habt ihr eure Meinung geändert?

Maliks Freundin Miriam berichtet:

„Ich hatte gerade meine Ausbildung als Bürokauffrau angefangen. Das Ausbildungsgehalt wurde direkt auf mein neues Girokonto überwiesen. Toll, dachte ich, endlich mein eigenes Geld! Doch so einfach war das gar nicht: Die Kosten für Wohnung und Essen fraßen gleich einen großen Teil meines Geldes auf. Durch ein schickes neues Handy mit Vertrag kamen noch einmal monatliche Kosten dazu. So bin ich gleich in die Miesen gerutscht. Mit dem nächsten Gehalt gleiche ich das aus, dachte ich. Doch es kamen immer nur neue Schulden hinzu. Ich lieh mir Geld bei der Bank und bei Freunden, die Liste der Gläubiger wurde immer länger. Die Mahnungen stapelten sich auf meinem Schreibtisch. Irgendwann habe ich die Briefe gar nicht mehr aufgemacht. Und dann hab ich mir noch einen neuen Computer gekauft: Heute kaufen, in einem Jahr bezahlen – super! Als nach einem Jahr dann die Rechnung beglichen werden sollte, ging gar nichts mehr, denn mein Konto war längst gesperrt. Der Computer wurde nach einem Gerichtsverfahren gepfändet, ich musste aus der Wohnung raus und auf der Arbeit gab es auch nur noch Probleme ...“

3 Lies Miriams Bericht. Was hätte sie anders machen sollen? Gib ihr drei Tipps.

1. ______________________________

____

2. ______________________________

____

3. ______________________________

____

Gläubiger: Jemand, bei dem ich Schulden habe.

Mahnung: Wenn jemand seine Schulden nicht zurückzahlt oder etwas kauft und nicht bezahlt, kann der Gläubiger eine Zahlungserinnerung (Mahnung) schicken, die mit zusätzlichen Kosten verbunden ist. Wird dann immer noch nicht gezahlt, kann der Gläubiger vor Gericht klagen. Das Gerichtsverfahren kann dazu führen, dass Wertgegenstände wie Schmuck oder Elektrogeräte gepfändet (abgenommen) werden.

4 Beim Thema Schulden sind meist viele Ursachen im Spiel, die zur Überschuldung führen. Deshalb spricht man vom „Schuldenkreislauf“. Ordne die Begriffe den entsprechenden Stellen in der Abbildung zu.

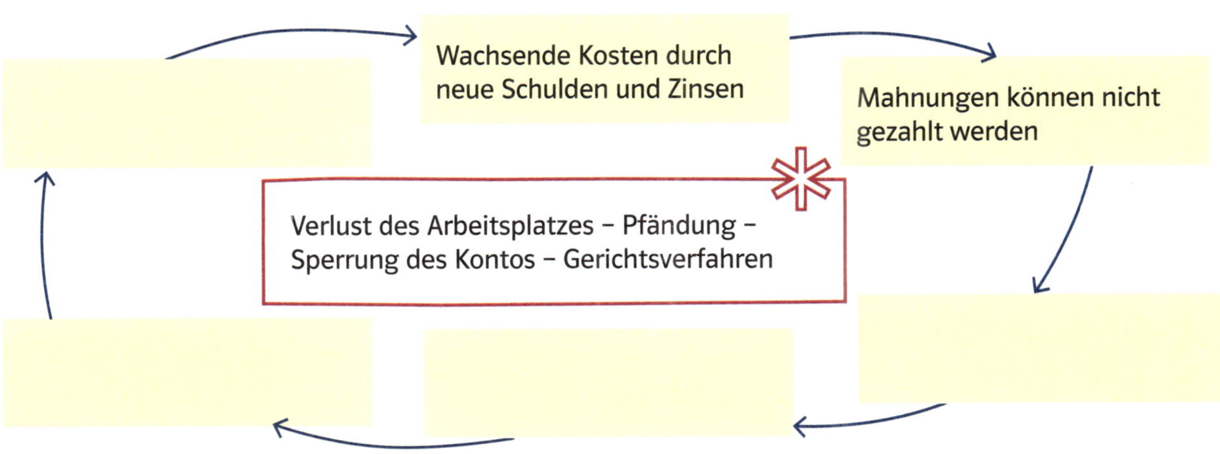

Einen Haushaltsplan erstellen

Das Haushaltbuch

Vielen Menschen in Deutschland geht es ähnlich wie Miriam. Sie haben keinen Überblick über ihre Finanzen. Ein Haushaltsbuch hilft, Einnahmen und Ausgaben im Blick zu behalten. So wissen wir immer genau, wie viel Geld wir noch ausgeben dürfen und können sicher sein, dass wir nicht plötzlich auf einem Schuldenberg sitzen. Die Ausgaben in einem Haushaltsbuch werden in feste und veränderliche Ausgaben eingeteilt.

Feste Ausgaben fallen regelmäßig an (z. B. monatlich, vierteljährlich). Hierzu gehört beispielsweise die Miete oder der Beitrag für die Autoversicherung.

Veränderliche Ausgaben fallen einmalig oder unregelmäßig an. Es können Ausgaben für Reparaturen, Friseur, Kleidung, Schuhe, kleinere Anschaffungen, Geschenke oder Hobbys sein. Bei größeren Ausgaben müssen wir immer wieder neu planen und entscheiden, ob wir sie jetzt oder erst später tätigen wollen.

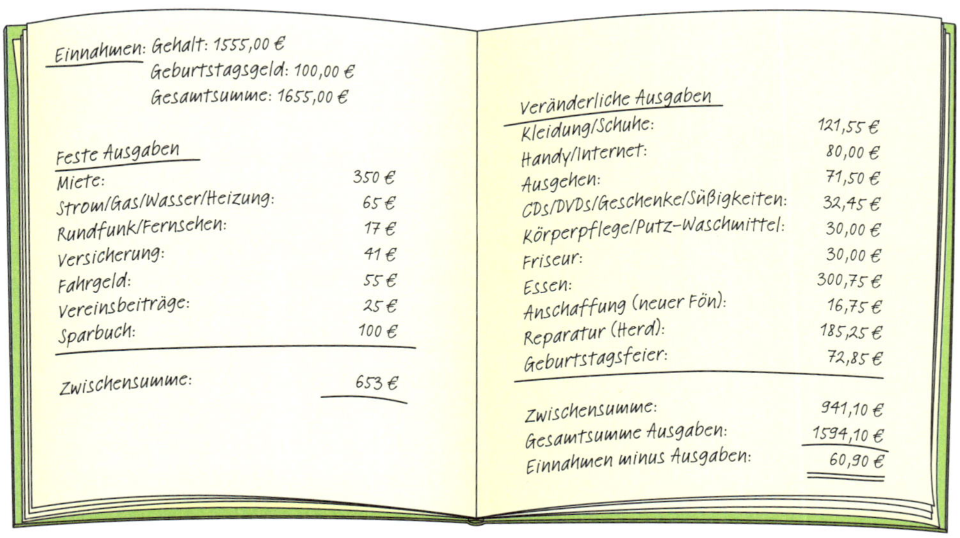

1 Miriam hat mittlerweile ihre Ausbildung abgeschlossen und bekommt ein festes Gehalt. Für ein Auto möchte sie monatlich 200 Euro beiseite legen. Untersucht Miriams Haushaltsbuch. Wo kann sie noch sparen?

2 Führe selbst ein Haushaltsbuch und schreibe mindestens vier Wochen lang alle Einnahmen und Ausgaben auf. Untersuche, ob du mit deinem Geld auskommst. Wenn nicht, suche nach Einsparmöglichkeiten.

3 Bearbeite die Selbsteinschätzung auf Seite 14.

Mein Haushaltsbuch

Woche: vom ____________________ bis ______________________

Kontostand zu Beginn der Woche: _________________________

Einnahmen		
	Datum:	**Betrag:**
Summe:		
Ausgaben:		
	Datum:	**Betrag:**
Summe:		
Summe Ausgaben gesamt:		
Einnahmen minus Ausgaben:		

Woche: vom ____________________ bis ____________________

Kontostand zu Beginn der Woche: ____________________

Einnahmen		
	Datum:	**Betrag:**
Summe:		
Ausgaben:		
	Datum:	**Betrag:**
Summe:		
Summe Ausgaben gesamt:		
Einnahmen minus Ausgaben:		

Woche: vom ____________________ bis ____________________

Kontostand zu Beginn der Woche: ________________________

Einnahmen		
	Datum:	**Betrag:**
Summe:		
Ausgaben:		
	Datum:	**Betrag:**
Summe:		
Summe Ausgaben gesamt:		
Einnahmen minus Ausgaben:		

Woche: vom ____________________ bis ____________________

Kontostand zu Beginn der Woche: __________________________

Einnahmen		
	Datum:	**Betrag:**
Summe:		
Ausgaben:		
	Datum:	**Betrag:**
Summe:		
Summe Ausgaben gesamt:		
Einnahmen minus Ausgaben:		